MICHAEL CROISSANT UND SCHÜLER

Herausgegeben vom Kunstverein Speyer
Bearbeitet von Herbert Dellwing

KUNSTVEREIN SPEYER
KULTURHOF FLACHSGASSE

MICHAEL CROISSANT

und seine Schüler

DIETZ EILBACHER

MARKO LEHANKA

DIETER OEHM

ANN REDER

INGE SCHMIDT

HEINER THIEL

MATTHIAS WILL

28. 9. – 26. 10. 2008

Gedruckt mit finanzieller Unterstützung
der Carl-A.-Reichling-Stiftung
in der Kulturstiftung Speyer

Inhaltsverzeichnis

Vorwort

Michael Croissant (1928 – 2002), einer der profiliertesten Bildhauer Deutschlands in der zweiten Hälfte des letzten Jahrhunderts, wäre in diesem Jahr 80 Jahre alt geworden. Der Kunstverein hat ihn als Purrmann-Preisträger und Mitglied der Pfälzischen Sezession mehrfach ausgestellt. Der einer hauptsächlich durch Maler geprägten Künstlerfamilie aus Landau/Pfalz entstammende Croissant wird an der Akademie der Schönen Künste in München als Schüler von Toni Stadler ausgebildet, leitet von 1966 bis 1988 die Bildhauerklasse an der Städelschule in Frankfurt/M. und kehrt nach Beendigung seiner Lehrtätigkeit wieder nach München zurück. Von seinen sehr zahlreichen Schülern sind manche inzwischen selbst hervorragende Künstler. Eine vergleichende Betrachtung von Michael Croissant und seinen Schülern steht noch aus; sie soll mit unserer Ausstellung und dem sie begleitenden wissenschaftlichen Katalog begonnen werden.

Die Ausstellung wurde angeregt von unserer 1993 gezeigten und durch einen Katalog dokumentierten Ausstellung „Wilhelm Loth und seine Schüler", die rundum erfolgreich war und noch in lebhafter Erinnerung ist. Wie damals ist auch die aktuelle Ausstellung „Michael Croissant und seine Schüler" von Prof. Dr. Herbert Dellwing, dem stellvertretenden Vorsitzenden des Kunstvereins, organisiert worden, der auch das Katalogbuch erarbeitet hat, wofür ihm herzlich gedankt sei. Unser Dank geht an die für die Ausstellung ausgewählten Künstler, die das Projekt spontan begrüßt und durch die Bereitstellung ihrer Werke ermöglicht haben. Weitere Croissant-Schüler, die, was wir bedauern, aufgrund des beschränkten Ausstellungsraumes hier keine Werke zeigen konnten, haben das Unternehmen mit lebhaftem Interesse, persönlichen Erinnerungen und Informationen begleitet und die Bearbeitung des Kataloges unterstützt. Besonderer Dank gilt dem Frankfurter Galeristen Horst Appel, der Michael Croissant während seiner gesamten Zeit in Frankfurt und auch darüber hinaus vertreten und betreut und Werke von ihm für unsere Ausstellung zur Verfügung gestellt hat. Danken möchten wir schließlich den Autoren der Beiträge aus Kunst und Wissenschaft, die mit ihren Betrachtungen und Analysen das komplexe Thema beleuchtet, Zusammenhänge aufgezeigt und Anregungen gegeben haben.

Die Publikation des Katalogs wäre in dieser Form nicht möglich gewesen ohne einen Zuschuss aus Mitteln der Carl-A.-Reichling-Stiftung bei der Kulturstiftung Speyer, für den der Kunstverein aufrichtig dankt. Für die Textverarbeitung danken wir wieder Brigitte Frey, für die drucktechnische Betreuung des Kataloges unserem Vorstandsmitglied Johannes Doerr.

Franz Dudenhöffer
Vorsitzender des Kunstvereins Speyer

Einführung

Zentrales Thema von Michael Croissant ist die menschliche Figur, die von ihm trotz Abstraktion und radikaler Formvereinfachung nie in Frage gestellt wird. Die Suche nach einem zeitgemäßen Menschenbild schildert der Künstler rückblickend: „In meiner Entwicklung als Bildhauer hatte ich mit Naturstudien und Aktfiguren angefangen; irgendwann kam dann für mich der Moment, wo ich das Gefühl hatte: Das kann nicht unser Bild vom Menschen heute sein. Dieses (grob gesagt) heile Menschenbild trifft heute nicht zu. Das fing Ende des 19. Jahrhunderts mit dem Torso an; etwas später im Kubismus wurde die Figur in anderer Weise zerstört – das heißt, inhaltlich gesehen, die Bildhauerei war auf die Schwierigkeit gestoßen, ein unverstelltes Bild vom Menschen darzustellen. Ähnlich sind in meinen Arbeiten die Verhüllungen, das Schemenhafte, das Schattenbildartige, Versuche, dieser Schwierigkeit inhaltlich zu begegnen".[1]

Croissant beschränkt sich früh auf Kopf, Kopf mit Schulter, stehende und liegende Figur. Seine Entscheidung für den Torso als Kunstform ist charakteristisch für die Generation der Künstler, die durch die Erfahrung des Zweiten Weltkriegs und seiner Folgen geprägt wurden. Die Entwicklung seiner figürlichen Plastik „ist gekennzeichnet durch eine immer größer werdende Reduktion, eine kontinuierliche Zurücknahme, einen Vorgang der Abstraktion und der Vergeistigung von Figur, wie er in der zeitgenössischen Bildhauerei einzigartig ist …. Croissant hat die Auseinandersetzung mit den Erfahrungen anderer Bildhauer nie gescheut. Dies setzte mit dem Werk seines Lehrers Toni Stadler ein, aber auch aus der Beschäftigung mit Henry Moore, Alberto Giacometti, den Bildhauern Roszak oder Lipchitz ist er immer wieder gestärkt hervorgegangen".[2]

Der Wechsel von der freiberuflichen Tätigkeit in München zur Lehrtätigkeit an der Städelschule in Frankfurt bringt für Croissant nicht nur neue Aufgaben, sondern verlangt von ihm auch klärende Überlegungen über seinen Standort als Künstler. Kurz nach der Übersiedlung schreibt er: „Ich kann, glaube ich, nichts Neues über die Kunst sagen, und wenn ich hier versuche, etwas von meinen Gedanken darüber aufzuschreiben, so kann das höchstens dazu dienen, mir über meine Lage klarer zu werden. Jeder Versuch, das, was man macht, theoretisch zu untermauern, führt von der Freiheit weg, die ja auch eine Freiheit ist von jeder Vorstellung, was Kunst ist. Deshalb steht man immer wieder vor dem Nichts und ist gezwungen, sich immer wieder ganz auszuliefern, wobei weder die Erfahrung noch die Vorstellung zum Gelingen beitragen, eher eine gewisse Beiläufigkeit und Ziellosigkeit, in der etwas Schöpferisches frei werden kann. So muß auch, wie Braque sagt, die Vorstellung ungenau sein, da sonst nur eine Kopie der vorgestellten Form entsteht. Die Vollkommenheit des Kunstwerks liegt in der vollkommenen Kongruenz der Persönlichkeitsmitte des Künstlers mit seinem Werk. – Da die Kunst also eine ganz und gar existentielle Angelegenheit ist…, muß der Künstler seine ganze Existenz mit dem, was er macht, in Einklang bringen, das heißt, er muß frei von dem Willen, ein Kunstwerk zu machen, sein. Seine Arbeit ist dann nicht Abgrenzung und Selbstbehauptung und dient natürlich auch nicht irgendwelchen gesellschaftlichen Ansprüchen, sondern der Selbstverwirklichung. Damit ist aber erst etwas Vorläufiges getan, denn solange man an seinem Ich hängt, steht man sich selber im Wege und hält sich zu, sodaß nichts herauskommen kann außer dem Abbild dieses Kampfes des Ich gegen den Einbruch der unbekannten Übermacht, die das Ich verschlingt und im Formlosen, vor nichts Unterschiedenem aufgehen lässt. Erst wenn dieser Kampf verloren ist, kann das Eigentliche anfangen, nämlich das absichtslose und ausdruckslose, von der Problematik der eigenen Person unbeschwerte Spiel, anonym, selbstverständlich und voll innerer Logik und Funktionalität".[3]

Als Croissant diesen Text in Frankfurt formuliert, wird hier und anderswo von der Generation der 68er Studenten als Kriterium der Kunst deren gesellschaftliche Relevanz gefordert, um die er sich, wie sein Text zeigt, wenig kümmert. An der Städelschule als der kleinsten Kunstakademie in Deutschland und hier der einzigen, die sich ausschließlich der freien Kunst widmet, eskalieren die Turbulenzen um die gesellschaftlichen Veränderungen nicht in dem Maße wie an der Universität auf der anderen Mainseite, wenngleich die Studenten auch hier gegen die herkömmlichen Einrichtungen opponieren.[4] Croissants künstlerisches Schaffen bleibt aber vom Zeitgeist weitgehend unberührt.

Croissants Bildhauerklasse ist klein, umfasst zwischen zehn und fünfzehn Schülerinnen und Schüler. Seine Lehrangebote sind neben der Plastik figürliches Zeichnen, Modellieren und freie Komposition. „Die Lehrtätigkeit hat bei Croissant nicht zu einer Erstarrung geführt, sondern zu einer experimentellen, das bisher Erreichte jeweils in Frage

Michael Croissant und seine Schüler beim Bildhauersymposion, Langen 1980 (von links):
Lothar Brügel, Dietz Eilbacher, Rosel Herzberg (Gast), Inge Schmidt, Yoshimi Hashimoto (Gast),
Michael Croissant, Klaus Hiltner

stellenden Haltung. Diese Auffassung seinem Werk gegenüber mag ihn auch zum hervorragenden Lehrer, als der er in Frankfurt gerühmt wird, prädestiniert haben".[5]

Obwohl sein eigenes Werk sich sehr konsequent mit der menschlichen Figur beschäftigt, erwartet er von seinen Studenten nicht, dass sie sich auf bestimmte Themen oder Materialien beschränken. Er ist bereit, Neigungen seiner Studenten zu unterstützen und zu fördern, was ihm mit Überzeugung vorgetragen wird. Nach seinen Erfahrungen an der Städelschule gewinnt er den Eindruck, die Studenten seien darauf aus, „möglichst schnell und früh einen eigenen, ganz individuellen Stil zu entwickeln. Das sieht er mit Bedauern und meint, die Schüler sollten ihre Lehrzeit zur Auseinandersetzung mit Vorbildern und Mitstudenten nutzen".[6]

Croissant ermutigt seine Studenten zum Experimentieren, versucht ihnen zu vermitteln, dass nicht das zielgerichtete Denken, sondern der freie Umgang mit den Materialien zu unerwarteten künstlerischen Ergebnissen führt. In seiner Einführung zu einer Ausstellung von Arbeiten seiner Schüler schreibt er 1985: „Überhaupt ist das Ziel oft nicht das eine fertige Werk, sondern eher der spielerische ziellose Umgang mit seinen Mitteln, der die unterbewußten schöpferischen Kräfte mobilisieren und die Empfindung für Form, die einer in sich hat, zu Erscheinung bringen kann. Gelingen und Misslingen misst sich an vielen Versuchen, und oft ist ein Rest oder Nebenprodukt das Eigentliche und Weiterführende".[7]

Die Klasse Croissant 1985 (im Uhrzeigersinn): Michael Croissant, Ina Holitzka, Heiner Thiel, Ricarda Rabe, Felicitas Gerstner, Hubert Seelig (†), Hildegard Wagner, Renate Ullrich, Hans Brückner

Diese Auffassung von Croissant basiert auf Willi Baumeisters epochemachender Schrift „Das Unbekannte in der Kunst" von 1947, die er seinen Schülern zur Lektüre empfiehlt (siehe den nachfolgenden Beitrag von Thomas Will auf S. 26).

„Für Croissant war das Formfinden ein Herantasten, ein Suchen nach dem Maß..., die handwerklichen Vorgänge waren dabei eher von untergeordneter Bedeutung. Obwohl Croissant als Lehrer an der Städelschule auch eine akademieeigene kleine Bronzegießerei betreute, waren ihm für seine eigenen Werke saubere handwerkliche Ausführungen nicht nur nicht wichtig, sondern bei seinen Plastiken zumeist unerwünscht. Im Sinne einer Gegenästhetik durften bei ihnen die Oberflächen und die Schweißverbindungen nicht perfekt sein".[8]

„Die oft schrundigen Säume und als schmutzig empfundenen Oberflächen lassen uns Unvollkommenheit und Ausgesetztsein assoziieren. Die Kanten der Eisenbleche, die der Bildhauer zusammenfügt, werden sehr oft so verschweißt, dass die Spuren des Prozesses stehen bleiben. Die Schärfe dieser Kanten gibt den Arbeiten etwas Zeichenhaftes".[9]

Die Verarbeitung von Eisenblechen, die miteinander verschweißt werden, beginnt Croissant erst nach 1970, also in seiner Zeit als Lehrer an der Städelschule; ab 1980 bestehen fast alle seine Arbeiten aus industriell gefertigten Eisen-,

später aus Bronzeplatten, deren Biegsamkeit die Verräumlichung des flachen Materials erlaubt. Anders als bei den von Croissant früher benutzten Gußtechniken kann der Künstler seine aus Plattenmaterial geformten Plastiken nun ohne fremde Hilfe selbst fertig stellen. Croissant erhält die Anregung zur Technik der verschweißten Metallplatten, die zu einer Formalisierung und Tektonisierung seiner Figurenmotive führt, aus dem Kreis seiner Schüler und wird auch durch einen Schüler in die Schweißtechnik eingeführt: Darivoj Cada arbeitet schon vor Croissant mit geschweißten Eisenblechen, Hannes Meinhard bringt ihm das Schweißen bei.[10]

Das Verfahren der in Passformen zerschnittenen und zu neuen Formgebilden verschweißten Metallplatten kann daran erinnern, dass Croissant seine frühen plastischen Arbeiten aus der Negativform entwickelt hat. In seinen verschweißten Metallarbeiten, bei denen die Metallplatten die Leere umgreifen, wird das Motiv der verhüllten Figur virulent, wird „die als abwesend gedachte, nicht mehr, jedenfalls für Croissant nicht mehr, darstellbare Menschfigur leibhaftig, wenn auch gegenständlich verhüllt, noch einmal aufgerufen". [11]

Bei seinen späten Köpfen und Figuren werden die Motive zeichenhaft reduziert. Man kann die Thematik nur begreifen wenn man den inhaltlichen Bezugrahmen kennt bzw. bereit ist, die Form als Zeichen für die menschliche Gestalt zu sehen.[12]

Croissant beobachtet die zeitgenössische Kunst mit Interesse und ist für Anregungen offen. Gleichwohl bezieht er sich immer wieder auf archaische Bildwerke, insbesondere der ägyptischen, griechischen und etruskischen Kunst.[13] Seine Verankerung in der Tradition und der Anspruch, den er damit an sich selbst stellt, äußert sich in ständig neuen Varianten seiner Motive und dem Eingeständnis der Unzufriedenheit mit seinen Arbeiten, zu denen er sagt: „Und hat man etwas gemacht, so ist es doch gleich danach schon wieder überholt. Wäre ein absolutes Ideal erreicht, könnte man nicht mehr weiter machen".[14] Wenn er zu seinem Frankfurter Galeristen Horst Appel sagte: „Ich möchte einmal eine gute Plastik machen", so ist dies nicht kokettiert, sondern vor dem Hintergrund der großen Bildhauerei vergangener Kulturen formuliert.

Mit seiner unermüdlichen Suche nach der adäquaten Form ist er seinen Studenten Vorbild und Vermittler. Er bemüht sich auch um Förderung und Präsentation der Arbeiten seiner Schüler außerhalb der Hochschule, obwohl ihm dies nur selten gelingt. Die Studenten hatten, wie mir Inge Schmidt erzählte, auch im Hinblick auf ihre Vermarktung von Croissant mehr Unterstützung erwartet; Croissant habe seine unzureichende Hilfe in dieser Sache später ausdrücklich bedauert.

Seine Schüler stellen mit Unterstützung ihres Lehrers in unterschiedlicher Zusammensetzung mehrfach als „Klasse Croissant der Städelschule" und in größeren und kleineren Gruppen gemeinsam aus; so etwa beim „Bildhauersymposion Langen 1980" (Katalog) oder bei „Philos II" 1985, einer Skulpturenausstellung von 11 Croissant-Schülern des Hotels Frankfurt Intercontinental (Katalog mit Textbeitrag von Croissant). Doch war Croissant an diesen Ausstellungen nicht mit eigenen Werken beteiligt, da sie auch als Aufgaben der Schüler innerhalb ihres Studiums konzipiert waren. Zahlreiche Schüler bleiben noch nach ihrem Studium mit ihrem Lehrer in Kontakt. Aus dem Lehrer-Schüler-Verhältnis entwickeln sich Freundschaften. Michael Kalmbach, Felicitas Gerstner, Kalutz Winkler, Ann Reder, Inge Schmidt, Carlotta Brunetti, Bernd Fischer u.a. pflegen ihre Verbindungen zu und mit Croissant bis zu dessen Tod 2002 und stehen bis heute als Croissant-Schüler untereinander in Kontakt.[15]

Bernd Fischer spricht in einem Schreiben vom 4. Juni 2008 an mich von der „Croissantschülergemeinde" und fährt fort: „Einmal sind wir Michael Croissant sehr verbunden, als Lehrer und Mensch. Wir begreifen es als ein charakteristisches Merkmal von Croissant, daß er verschiedene (aber nicht alle) Positionen in seiner Klasse zugelassen und begleitet hat. Dies entsprach der Zeit, in der er lehrte und mag auch ein Niederschlag seines kritischen Bewusstseins und seiner eigenen Zweifel gewesen sein. Auf jeden Fall ist die Pluralität der künstlerischen Standpunkte seiner Schüler auch eine Aussage über den Lehrer und Künstler Michael Croissant". Lehrer und Schüler wurden bisher nur ein einziges Mal in einer Ausstellung mit Kleinplastiken zusammengeführt: 1998/99 stellten „Michael Croissant und seine Meisterschüler Carlotta Brunetti, Dieter Froelich, Ann Reder, Inge Schmidt, Kalutz Winkler" im Skulpturen Kabinett-Bildhauergalerie für Zeitgenössische Kleinplastik" in Freiburg aus (leider kein Katalog). Die Ausstellung im Kunstverein Speyer ist also die erste, die dieses umfangreiche Thema „Michael Croissant und seine Schüler" auch mit einer wissenschaftlichen Dokumentation begleitet.

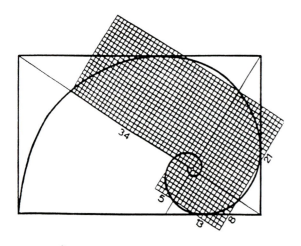

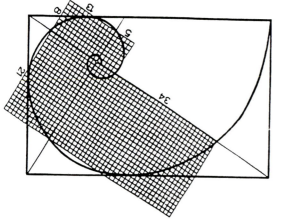

Analyse der Wachstumsspirale einer Schnecken-
muschel (aus: Friedrich Cramer, Gratwanderungen.
Das Chaos der Künste und die Ordnung der Zeit.
Bibl. Suhrkamp Bd. 1186)

Ann Reder
Aus der Wachstumsspirale einer Schneckenmuschel,
2002, 70 x 105 x 35 cm, Sperrholz/Acrylfarbe

Die für unsere Ausstellung ausgewählten sieben Künstlerinnen und Künstler sind Bildhauer bzw. Plastiker verschiedener Generationen, die in den 60er, 70er oder 80er Jahren bei Croissant studiert haben, also in unterschiedlichen
Phasen seiner Lehrtätigkeit und seines künstlerischen Schaffens, frühe und späte Schüler Croissants, die teilweise
noch während ihres Studiums oder bald danach ihre eigenen plastischen Vorstellungen entwickeln und realisieren.
Wie Croissant nach der Arbeit mit unterschiedlichen Materialien seit den 70er Jahren und ab 1980 fast ausschließlich industriell gefertigte Metallplatten verarbeitet und mit dieser Technik die ihn kennzeichnenden Figuren schafft,
finden auch die in unserer Ausstellung präsentierten Künstlerinnen und Künstler nach zahlreichen Experimenten
ihre bevorzugten und für sie charakteristischen Werkstoffe. Dabei fällt auf, daß keiner die Technik von Croissant
weitergeführt hat, daß neben dem aktuellen Stahl auch natürliche Materialien wie Holz und Stein wieder aufgegrif-
fen werden und auch die neuen Medien Anwendung finden. Alle hier gezeigten Künstlerinnen und Künstler benut-
zen anderes Material oder bearbeiten es doch sehr unterschiedlich: so wird die Holzfigur von Dieter Oehm in tradi-
tioneller Weise aus dem Block befreit, Ann Reder verbirgt das Material ihrer Holzkonstruktionen hinter einer mono-
chromen Farbfassung, Inge Schmidt kombiniert Holzteile mit anderen Materialien zu fragmentarischen Stück-Wer-
ken.

Eine der ersten Schülerinnen von Croissant an der Städelschule ist **Ann Reder**. Sie studiert bei ihm von 1967 bis
1972; 1977 empfiehlt er sie als Dozentin an die seinerzeit von Karl Bohrmann geleitete Städelabendschule, wo sie
bis heute lehrt. Croissants Empfehlungen und ihrer Neugier entsprechend experimentiert sie in ihrer Frühzeit mit
sehr unterschiedlichen Materialien und Formen. „Nesselreliefs, Lederfiguren, Holzkeile, merkwürdiges Möbel, schief
und krumm, Spuren der Benutzer scheinbar noch in sich tragend, Metallguß etc. pp." (Adam Seide, 1987)[16]

Dabei beschäftigt sie sich, auch dies von Croissant vermittelt, mit der menschlichen Gestalt als Hohlform und Hülle des abwesenden Körpers. „Selbst die Deformation der Möbel, ihre Brüchigkeit lässt sich auf die Abwesenheit von Menschen beziehen…; bei den Arbeiten > Graben I < und > Graben II< lässt sich noch der Abdruck eines menschlichen Körpers im Verlauf der Linien und Formen assoziieren, eingegraben zur Erinnerung, während der Mensch sich längst entfernt hat, seine Spur hinterlassend, die schon einem ausgetrockneten Flussbett, einem Landschaftsausschnitt gleicht". (Ingeborg Haberkorn).[17] Was die Künstlerin in ihren Gräben, Wellen, Fahrten thematisiert, ist der Raum, die Leere, das Nichts, mit denen sie existentiellen Fragen Ausdruck gibt. „Sturz", „Schmerz", „OP", „Aufstieg und Fall" sind sprechende Titel ihrer Arbeiten, die dies unterstreichen.

Um 1980 beginnt Ann Reder zunächst aus Kostengründen mit der Verarbeitung von Sperrholz anstelle kostenintensiver Metallarbeiten; sehr bald erkennt sie die Vorzüge dieses Materials auch hinsichtlich der Farbfassung, die für ihre Arbeiten eminent wichtig wird. (Dabei soll daran erinnert werden, daß Ann Reder als Malerin begonnen und sich mit Bildern bei Croissant beworben hat.) Die Konstruktionsmethode ihrer Werke, die seit Mitte der 80er Jahre alle aus Sperrholz bestehen, ist folgende: „Biegungen und Krümmungen werden mit dünnem Pappelholz auf ein inneres Gerüst verleimt und genagelt und mit dieser Spantenbautechnik in eine erdachte Form gezwungen. Es sind aus der Natur entliehene Bewegungsabläufe, die, auf einfache Vorstellungen und Strukturen zurückgeführt, den Formkanon von Ann Reder bestimmen".[18]

Ihr Interesse an der Natur zielt darauf, die „condition naturelle", die Welt in ihrem Grundaufbau zu verstehen. Ihre Plastiken erhalten jetzt Ordnungssysteme, die Verhältnisse des Goldenen Schnittes und der Fibonacci-Reihe.[19]

Ihre bewegten, offenen plastischen Objekte – im Gegensatz zu den geschlossenen Figuren bei Croissant sind geometrisch gefestigt und deuten auf allgemeine, im Kreislauf der Natur ständig wiederkehrende Phänomene. Auch die Einfärbung ihrer Figuren – früher Schwarz oder Weiß, später Blau und Gelb – beziehen sich auf natürliche Erscheinungen wie Licht und Dunkelheit, Tag und Nacht. Während sie früher wie Croissant die handwerkliche Entstehung ihrer Arbeiten bewusst sichtbar ließ, huldigen ihre kostbar gefassten jüngeren Werke zeitloser Schönheit.

Dieter Oehm gehört wie Ann Reder zu den frühen Schülern von Croissant, bei dem er 1969 bis 1974 studiert. Der aus dem waldreichen Nordhessen stammende Künstler arbeitet von Anfang an hauptsächlich mit dem Werkstoff Holz, daneben in Stein- und Metallguß; parallel dazu entsteht ein umfangreiches zeichnerisches Werk. Aus mächtigen Holzstämmen befreit er die Figur, die an den Proportionen des Menschen orientiert ist, ohne ihn darstellen zu wollen. Es geht dem Künstler um die plastisch-räumliche Gestaltung des Materials, um offen zu legen, „was der Block in sich hatte, ohne daß ihm von außen eine narrativ-illustrative Vorgabe gemacht wurde" (Oehm, 1999). Mit Masse, Volumen und Bewegung arbeitet er am räumlichen und raumbildenden Potential des Blocks, um, wie er es nennt, die „innere Figur" herauszuarbeiten. Mehr in der Tradition der klassischen Moderne und namentlich in der Tradition des Kubismus einzuordnen, beschränkt er sich nicht wie Croissant auf die menschliche Figur, gestaltet nicht nur das Kunstobjekt, sondern vorrangig den Raum. Anders als bei den geschlossenen Figuren von Croissant sind es bei Oehm immer wieder Durchblicke, die sein Werk definieren und räumlich erweitern. Das Innere tritt zum Äußeren in ein dialektisches Verhältnis. Der Bildhauer hat sein so gestaltetes Werk „mit der Musik in Verbindung gebracht, die eine ganze Reihe von Bildhauern zu Analogiebildungen und Vergleichen veranlasst hat. In seinen Äußerungen zielt er insbesondere auf die Struktur der Musik, ihrer tektonischen Aufbau, in dem jede Note eine – wie Alexander Archipenko es nannte – eine > psychologische < Bedeutung hat, gleichzeitig aber auch > mit allen anderen Noten und Pausen der Komposition in eine Beziehung gebracht wird <. Eine Feststellung, die ganz konkret auf die Arbeiten Oehms zuzutreffen scheint, der sehr bewusst mit geschlossenen und offenen > leeren < Volumina arbeitet, wobei er – überträgt man es auf ein kompositorisches Schema – in mehrstimmigen Sätzen denkt. Dabei ist sich Oehm, der selbst musiziert, der qualitativen Unterschiede beider Medien durchaus bewusst, die beide die Dimensionen von Raum und Zeit in so unterschiedlicher Weise erfahrbar werden lassen" (Beate Frosch, 1999).[20]

Oehms Werken liegt, wie er es 1996 formuliert, „eine offen entwickelte Idee der Materialorganisation mit variablen räumlichen Denkfiguren" zugrunde. Dementsprechend sind seine Arbeiten in der Regel Variationen von Motiven und oft in mehrteiligen Werkgruppen zusammengestellt. Der Künstler verfolgt in seinen kantigen Bildwerken die Idee des autonomen plastischen Objekts aus flächiger Modulation, die grenzenlose Fülle räumlicher Ereignisse zwischen einfachen frontalisierten Brettfiguren und kompliziert verschachtelten Rundumgebilden.

Dieter Oehm
Flächenkörperraum, 1999, 138 x 30 x 9 cm, Holz

Dieter Oehm
Flächenstabfigur, 1991, 230 x 13 x 25 cm, Holz, Farbe

Kurz nachdem Dieter Oehm 1974 die Klasse Croissant verlässt (und an das Kunstpädagogische Institut der Universität Frankfurt wechselt), kommen 1975 Lothar Brügel, Dietz Eilbacher, Inge Schmidt und Matthias Will als Studenten zu Croissant (Letzterer vom Kunstpädagogischen Institut der Universität Frankfurt) und bleiben bis 1980 bzw. 1981 bei ihm. Obwohl sie fünf Jahre zusammen studieren, entwickeln sie nach ihrem Studium ganz unterschiedliche Auffassungen und Ausdrucksformen von Bildhauerei bzw. Plastik, die sich auch in der Verwendung verschiedener Werkstoffe ausspricht.

Dietz Eilbacher ist vor allem Steinbildhauer. Seine Arbeiten sind das Ergebnis zeitaufwendiger und mühevoller Auseinandersetzung mit dem harten Stein, in der Werkstatt oder im Freien. „Wer eilfertig ein figürliches Gegenüber sucht in den Steinen, dem verschließen sie sich zu bloß abstrakten Figuren. Die schwer auf dem Boden lagernden Blöcke ebenso wie die in die Höhe strebenden Stelen. Und doch findet sich beides in Dietz Eilbachers plastischem Werk: Architektonische Gebilde, die Fragmente von Häusern, Hütten, Türmen oder gestrandeten Schiffen bergen, und organische Figurationen, die, extrem reduziert, stets einem körperlichen Maß verpflichtet sind. >Treppe<, >Brücke<, >Kirche<, >Zinne< oder >Pyramiden< nennt Eilbacher seine kubischen Kompositionen und Reliefs aus dunklem Basalt. Deren strenge Geometrie aus Horizontalen, Vertikalen und Diagonalen kontrastiert mit dem porigen Lavagestein auf harmonische und manchmal sogar ironische Weise: Die roh belassene Oberfläche mildert wie eine rauhe Haut die kantige Architektur der immer neu variierten Elemente aus Eilbachers künstlerischem Steinbaukasten...Bodenhaftung verleiht den oft pfeildünn sich verjüngenden oder verzweigenden, immer aber sanft gespann-

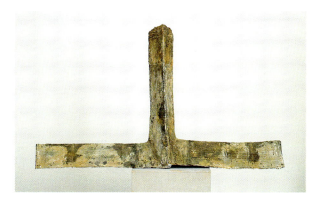

Dietz Eilbacher
Form, 1982, 50 x 35 x 6 cm, Granit (oben)

Dietz Eilbacher
Berg, Häuser, 1992, 43 x 88 x 17 cm, Basaltlava

Dietz Eilbacher, Schwimmer, 2007, 71 x 127 x 22 cm,
Bronze (oben rechts)

ten, dynamisch bewegten Körpern eine solide Basis aus dem Kanon wiederkehrender Grundformen: Drei-, Vier-, Fünfeck, Kreis oder Kreuz… Der vermeintliche Gegensatz der Werkkomplexe Architektur und Figur löst sich auf in einer nicht mathematischen, sondern organischen Geometrie, die jeder außermenschlichen Dimension abhold ist" (Beate Taudte-Repp).[21]

An dem Motiv „Kopf und Schulter", das von Croissant angeregt ist, zeigt sich Eilbachers selbständige, individuelle Entwicklung. Ein frühes Werk (Abb. S. 16) von 1982 aus glatt bearbeiteten Granit erinnert in der Oberflächengestaltung noch an Croissants Metallfiguren. Später gräbt er sich in das Steinmaterial, dem er die Spuren von Hammer und Meisel, die Spuren seiner Arbeit, seines Ichs einprägt. Selbst das als „Berg, Häuser" bezeichnete Werk von 1992 aus Lavastein (Abb. S. 16) erscheint wie eine Variation des Motivs „Kopf und Schulter", das er auch in seinen Bronzen aufnimmt.

Auch seine kleinformatigen Arbeiten sind von monumentaler Anmutung. Wie von Croissant für seine eigenen Arbeiten formuliert, sind auch die Werke von Eilbacher „eine ganz und gar existentielle Angelegenheit". Sie stehen für Leben und Tod, für vita activa und vita contemplativa, sind ort- und zeitenthoben. Obwohl ohne eindeutige Verweise, Botschaften und Kommentare, sprechen seine Werke nicht nur vom Künstler selbst, sondern vom Dasein, auch von leidender Gefährdung, die sich im Fragmentarischen des gebrochenen Steins wie in seiner „dramatischen" Bearbeitung ausspricht. Seine Arbeiten bleiben bei aller Festigkeit des Materials in geistigem Fluß".

Inge Schmidt
Figur, 1984, ca. 25 cm hoch, aus Bleirohr geschnitten

Inge Schmidt
o. T., 2008, handgroß, verschiedene Materialien

Inge Schmidt arbeitet als Schülerin von Croissant mit den traditionellen Materialien und Techniken der Bildhauerei und bezeichnet sich auch heute noch als Bildhauerin, obwohl sie sich längst von der klassischen Bildhauerei verabschiedet hat und wie manch anderer Künstler nach 1968 mit alternativem Material die solide traditionelle Plastik konterkariert und einem anderen Wirklichkeitsverständnis Ausdruck gibt. Am Ende ihres Studiums meißelt sie noch figürliche Steinreliefs und modelliert Gipsplastiken. 1981 datieren ihre „ersten Versuche weg vom schweren Material" [22], das sie körperlich und in der Vorstellung als belastend und für spontanen Zugriff ungeeignet empfindet. 1984 schneidet sie ein Stück Bleirohr auf und formt daraus eine kleine Figur (Abb. S. 17), in der dem Reststück, dessen Ursprung erkennbar bleibt, ein neuer Sinn gegeben wird.

Der spielerische Umgang mit Realitätsbezügen verleiht ihren Plastiken und Zeichnungen, Objekten und Installationen Schwerelosigkeit und Immaterialität. Er entspringt dem Verlangen, die Enge von Eindeutigkeit und die Last von Rationalität zu relativieren, ohne der totalen Abstraktion anheim zu fallen. – Ähnlich wie die Dadaisten greift sie auf Trivialobjekte und Fundstücke zurück, verteidigt damit auch das scheinbar Wertlose in einer Welt uneingeschränkter Warenfülle. „Die >armen< Materialien – stets aus dem Bereich des Alltags und des Übrig-bzw. Liegengebliebenem entnommen –, die brüchig und unstabil wirkende Konstruktion, die scheinbare Desavouierung des gekonnten und rationalen Handwerks, wie die Verneinung jedweden Vernünftigen und Nützlichen (auch des Dekorativen) stoßen den unbedarften Betrachter auf den ersten Blick vor den Kopf.

Matthias Will
Schwebekreuz I, 1987, ca. 25 cm hoch, Stahl

Matthias Will
Schwebekreuz II, 1997, ca. 25 cm hoch, Stahl

Die Begriffe, die bei der Annäherung an die Kunst Inge Schmidts am vielversprechendsten zu sein scheinen, drehen sich um die >Brüchigkeit< und das >Fragmentarische<… Inge Schmidt will keinen zivilisatorischen Zustand versinnbildlichen, überhaupt verfolgt sie kein bestimmtes gesellschaftliches, politisches oder soziales Anliegen. Das, wie sie gesteht, wäre ihr >zu groß und zu gewaltig<. Das >Fragment< als solches fesselt sie, nicht das >Ganze<, das >Komplette<. Perfektion und eine endgültige Ordnung bzw. Vereinheitlichung als Idealzustand, d.h. der totale Anspruch sind ihr ein Greuel (und Illusion). Es mag legitim sein, ihre Arbeiten als Versatzstücke labil lavierender, auf der Kippe stehender menschlicher Existenz zu interpretieren; oder als Memento mori eines aus dem Strandgut des Lebens zusammengeschusterten Universums; oder als Spiegelbilder einer Welt rationaler Idiotie… Spielerisch, aber souverän, macht Inge Schmidt aus >Brüchigem< bescheidene, fragile, aber sich behauptende >Kunstwerke<, die Einzigartigkeit und Singularität – das Kostbarste überhaupt – auszeichnen"[23].

Inge Schmidts Raum-Stücke sind offen, kommunizieren miteinander und mit dem sie umgebenden Raum, dem sie Gestalt geben[24]. Es sind Objekte zur Raumerfahrung. Aus dem Fundus ihres Arsenals von Fragmentobjekten inszeniert die Bildhauerin Orte, um Raum erlebbar zu machen. (Im Vorfeld unserer Ausstellung fragte sie uns, ob für ihre Arbeiten ein eigener Raum zur Verfügung stünde !) Es sind offene Wahrnehmungsangebote, die vielfältige Perspektiven zulassen; sie sind über das Material hinaus von osmotischer Durchlässigkeit für Empfindungen und Deutungen und transparent für Sinnschichten, die die Phantasie und assoziative Kraft des Betrachters animieren. Ihre verdrehten, auf den Kopf gestellten, aus dem Gleichgewicht geratenen raumplastischen Objekte können als sensible Erfahrungen und Sinnbilder menschlicher Existenz in unserer Zeit gedeutet werden.

Matthias Will beginnt erst nach dem Ende seines Studiums bei dem Metall-Plastiker Croissant 1981 selbst mit Metall zu arbeiten. Er verabschiedet sich von der auf der menschlichen Figur basierenden Abstraktion, wie sie Croissant vertritt, und wendet sich der konkreten Kunst zu, deren geometrische Formen ohne assoziative Hintergedanken nur auf sich selbst verweisen. Er arbeitet, wie er es formuliert, „auf der Ebene des Objekts. Die künstlerische Auseinandersetzung findet außerhalb meines eigenen Körperbewußtseins statt. Es geht mir um Lösungen auf der Ebene des plastischen Objekts, d.h. um ästhetische Lösungen".[25]

Will entscheidet sich für den aktuellen Werkstoff Stahl, der allenthalben in der Großarchitektur das wichtigste Material ist, und wo besonders im Brückenbau massive Stahlplatten mit einem Verspannungssystem verbunden werden, wie es sich als Konstruktionsprinzip bei den raumplastischen Objekten von Matthias Will wieder findet. Seine Arbeiten bestehen aus Stahlplatten und Stahlviereckrohren, die mit Hilfe von dünnen Stahlseilen in Balance gehalten werden. Sie beruhen durchweg auf der Verarbeitung der geometrischen Figuren von Quadrat und Würfel, Kreis und Kugel. Die apollinische Ausgewogenheit seiner Arbeiten lässt die Anstrengungen des wahrnehmenden Auges und

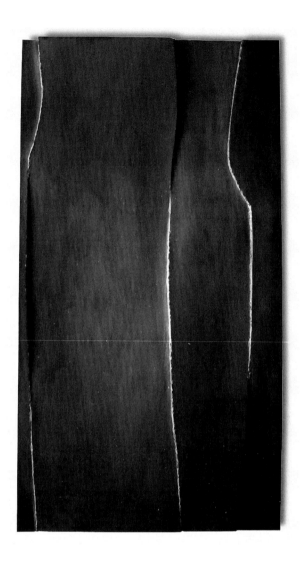

Heiner Thiel
o. T., 1997, 90 x 50 cm, Stahl, WVZ 4/85/31

des abwägenden Verstandes, aus denen sie hervorgegangen sind, leicht vergessen. Seine Objekte „sind Ergebnis genauer Überlegung und handwerklichen Könnens, doch sind sie vor allem zweckfreie Gebilde, die vor Augen führen, was in Körpern einfacher Ordnung an räumlicher Komplexität angelegt ist … Bei aller Faszination der technischen Qualitäten – es ist vor allem das Ästhetische, was an Wills Arbeiten besticht. Das Spiel körperlich räumlicher, flächiger und linearer Werte, der Reiz des Gegensatzes stabiler und elastisch verstrebter Teile, die Dialektik von Schwere und Leichtigkeit – alles das lässt sich auch ohne Studium der physikalischen und konstruktiven Voraussetzungen spontan und eindringlich erleben" (Peter Anselm Riedl)[26].

Trotz des geometrischen Vokabulars spielt bei Matthias Will „das Handgemachte eine große Rolle. Ich mache alles selber, ich schneide die Bleche aus, bearbeite die Kanten, bohre die Löcher, schneide Gewinde um die Stahlseile zu fixieren. Es ist dadurch eine deutlich andere Ausdrucksform gegeben als sie durch serielle Vorgehensweise entstehen würde. Es ist also kein mechanisches Durchspielen von Maßverhältnissen, sondern es geht mir darum, die Formverhältnisse auf den Punkt zu bringen, auf der intuitiven Ebene" (Will im Gespräch mit Chr. Klein, 1996, s. Anm. 25). Die Betonung des handwerklichen Schaffens verdankt er wohl seiner Ausbildung bei Croissant. Die mit der Schleifscheibe manuell behandelten Oberflächen des industriell gefertigten Materials erinnern an informelle Strukturen und geben jedem seiner Werke individuelles Aussehen und Charakter.[27]

Matthias Will geht es nicht um die Erforschung des Materials – obwohl auch dies zu den Voraussetzungen seiner Kunst gehört –, sondern um die Erforschung und Vorführung von Grenzmöglichkeiten des Raumes, wie er sich auch und insbesondere beim Umschreiten seiner Werke offenbart.

Heiner Thiel, der einer Familie von Naturwissenschaftlern entstammt (Mathematiker, Chemiker, Physiker), studiert bei Croissant von 1982 bis 1985. Wie sein Lehrer arbeitet er zunächst mit den Motiven Kopf, Kopf mit Schulter, liegende und stehende Figur in geschweißtem Eisen bzw. Stahl (Abb. S. 19 und 55). Anders als sein Lehrer betrachtet er die sich auf den Menschen beziehenden Motive weniger in ihren anthropomorphen Zusammenhängen als formanalytisch. „Ein Schädel ist ein architektonisches oder tektonisches Gebilde, das nach ganz festgelegten Gesetzmäßigkeiten wächst. Für mich waren interessant dabei konvexe und konkave Wölbungen, Positiv und Negativ" (Thiel)[28]. Dabei sei darauf hingewiesen, dass in den 80er Jahren auch Croissants Figuren sich geometrischen Stelen annähern und das Konstruktive insgesamt stärker hervortritt. Nach dem Ende seines Studiums unternimmt Heiner Thiel 1986 ausgedehnte Reisen durch Wüsten in den USA, Mexiko, Marokko, deren Erlebnis sich in seinen Stahlobjekten widerspiegelt: An die Stelle älterer liegender Figuren treten jetzt liegende Bodenplastiken aus geometrischen, geschweißten Stahlblechen (Abb. S. 55). Der einfachen Form entspricht das aktuelle, gewöhnliche Material: „Es hat mich gereizt, dass es etwas Unprätentiöses ist. Es hat nicht den Schimmer des Wertvollen wie frühere Materialien Bronze oder Marmor, die in der Bildhauerei Tradition haben. Sondern es war als Material ganz alltäglich" (Thiel)[29]. Nur kurze Zeit nach seinen Bodenplastiken beginnt er die Arbeit an Waldreliefs mit demselben Material. Er gestaltet sie mit optischen Irritationen, die sich dadurch ergeben, dass die Kanten seiner Flächenstücke angeschliffen werden und sich glänzend von den dunklen Flächen abheben. Es geht ihm darum „zu untersuchen, wie flach ein Relief sein darf, um noch als räumliches Gebilde angesehen zu werden"[30].

Der Bildhauer formuliert die Zusammenhänge zwischen Fläche und Raum: „Fläche und Raum definieren sich gegenseitig, d.h., sie sind losgelöst voneinander nicht vorstellbar. Mich interessiert der Grenzbereich zwischen Fläche und Raum, oder: wann wird die Fläche räumlich und wann ein Körper flächig. Die Mittel sind mir gegeben: Linie – Fläche – Raum. Die Möglichkeiten: wie der Raum – unendlich" (Thiel, 1990)[31] – Eine Sondergruppe seiner Wandreliefs sind die seit 1990 entstandenen Würfelreliefs, an denen er die Veränderungen von Licht und Schatten und die Entstehung virtueller Räume untersucht. Thiels Beschäftigung mit dem Würfelmotiv – und das gilt auch für Matthias Will – wurde angeregt durch die Auseinandersetzung mit Arbeiten des amerikanischen Minimalisten Sol LeWitt[32].

Heiner Thiel widmet sich der systematischen Erforschung der Funktionszusammenhänge von Fläche, Farbe, Licht und Raum, insbesondere den Wirkungsmechanismen der Perspektivsysteme. (Er steht damit in der Tradition der Bauhaus-Künstler Johannes Itten und Josef Albers, auf dem auch Sol LeWitt basiert.) In Serien untersucht er die Wahrnehmungseffekte des Kunstwerks, das für ihn primär Vermittler von Erkenntnis ist. Er versteht das Kunstobjekt als Medium zur Entwicklung des Bewußtseins, nicht um das Auge ästhetisch zu fesseln. Mit einfachen Mitteln und Strukturen unterläuft er die gängigen Wahrnehmungsmethoden und die Meinung, die Wirklichkeit vor unseren Augen lasse sich schnell und leicht begreifen.

Seit 1996 sind seine Wandobjekte Kugelsegmente, die er am Computer mathematisch berechnet, in den Raum gebogene und farbig monochrom eloxierte Aluminiumplatten. Bei den Bildunterschriften nennt er bisweilen auch den Durchmesser der Kugel, aus der das Segment stammt. Die konkaven Objekte gewinnen nicht nur durch ihren Schattenwurf in die Umgebung plastische Qualität. Durch den Lichteinfall auf die konkaven Oberflächen entstehen virtuelle Farbräume, die sich mit jedem Schritt des Betrachters verändern. Im Umriss seiner Objekte und in der Dominanz der Farbe nähert sich der Künstler der Malerei. Doch bekundet die Skulptur von Heiner Thiel eine deutliche Abkehr von den traditionellen Ideen von Tafelbild und Skulptur und begibt sich auf den Weg in eine neue Kategorie der Wahrnehmung" (Daniela Christmann, 1998).

Marko Lehanka studiert 1986 und 1987 bei Croissant, gehört also zu dessen spätesten Schülern. Er studiert an der Städelschule aber nicht nur Bildhauerei, sondern auch Malerei, bei Thomas Bayrle). Seit den 80er Jahren produziert er Filme (1992 und 1994 zusammen mit Martin Liebscher). Unmittelbar nach Studienabschluß wird er künstlerischer Mitarbeiter am Institut für Neue Medien der Städelschule. Der multimedial arbeitende Künstler ist technikbegeistert, spielt mit computergenerierten Pixelbildern, entwickelt „individuelle Computerprogramme, die aus einfachen „Subjekt-Prädikat-Objekt-Satzkonstruktionen heraus eigenständige Geschichten" ergeben.[33]

Marko Lehanka
Mein diskussionsfreudiges Hörnchen, 2004,
32 x 26 x 22 cm, Porenbeton, Holz, Spiegel, Acryl

Marko Lehanka
o. T., 2004, 24 x 20 x 10 cm,
Stroh, Pappe, Acryl

Lehankas Kunst ist von Anfang an eine andere als die von Croissant. Im Gegensatz zu diesem reagiert Lehanka mit seinem künstlerischen Schaffen auf Zustände und Geschehnisse der Alltagswelt und bedient sich dazu ihrer Fragmente, deren banal Wirkliches er in einen veränderten Zusammenhang stellt und mit neuer Bedeutung auflädt. Seine Fundstücke werden zu zwiespältigen Elementen der Inszenierung und Erzählung voller Ungereimtheiten und Rätsel. Mit Witz und Ironie verweist der Stadtneurotiker der Generation X nicht nur auf die dissonante Komplexität der bunten und bizarren Lebenswelt von heute, sondern macht sie sich auf diese Weise auch erträglich.

Sabine Dorothée Lehner schreibt 2007 eine Eloge über Lehanka, der seine Arbeitsweise darin treffend formuliert findet.[34] Lehner bezeichnet den Künstler als „Freund der ungestümen Bastelei, die im Laufe der Zeit zu Deiner übergeordneten Arbeitsmethode gereift ist, die leitmotivisch die Aura von wagemutiger Improvisation verbreitet und genüsslich jedem Deiner Werke einen unverkennbaren Do-it-yourself-Touch verleiht!... Seit meinem ersten Atelierbesuch habe ich Dein raffiniertes Spiel mit ästhetischer Verweigerung bewundert, über die konsequente Vermeidung allzu auffälliger Brillianz gestaunt und Dein vorsichtiges Umgehen penetranter Perfektion respektieren gelernt. Der von Dir genüsslich praktizierte Dilettantismus nach dem Strickmuster > das Kind im Manne< ist hierbei schließlich nicht nur peinliches Zufallsprodukt, sondern zieht sich methodisch als roter Faden durch Dein ganzes bisheriges Schaffen. Nie war es für Dich ein Problem, nach dem tapferen Motto >schöner scheitern< Dinge zu tun, die Du eigentlich nicht besonders gut beherrschst: Ich denke da beispielsweise an die Gesangsaufnahmen der Gebrüder Lehanka! In meinen Augen bist Du wirklich einer von denen, die sich darauf verstehen, daß verkorkst Alltägliche mit dem verschärft Profanen auf rätselhafte Weise zu amalgamieren und mit charmant unbeholfener Poesie aufzuladen…, um gleichermaßen echte Spießer, überforderte Intellektuelle und gequälte Kritiker gründlich auf die Probe zu stellen!"

Speziell zur „Blume in Münster" (s. Abb. auf S. 41)fährt Lehner fort: „Meiner Meinung nach hast Du für dieses Projekt in origineller Weise den Gedanken einer >Kommunikations-Skulptur< variiert und Dir ist – unter Einsatz von Sprache und finstersten informatorischen Künsten – die recht eindrückliche Allegorie einer interaktiven Schnittstelle Mensch-Natur-Technik gelungen... Freizeitsport und Technik verknotest Du im Zuge Deiner schrägen Kombinatorik zu einem widerspenstigen Crossover-Kunststück. Wolltest Du damit vielleicht sogar die ironische Verkörperung (oder Verballhornung ?) einer >sozialen Plastik< bauen ? Welchselbige verschiedene repräsentative Lebensbereiche zum plastischen Patchwork verschmilzt und dabei listig gesellschaftliche mit kulturellen Sujets verbandelt ?"

Wie Croissant arbeiten seine hier vorgestellten Schülerinnen und Schüler mit Engagement am noch unvollendeten Projekt der Moderne. In ihrer Unterschiedlichkeit und Vielfalt spiegeln sich die Toleranz und der Weitblick ihres Lehrers, der nicht nur selbst im Laufe seiner Entwicklung vieles ausprobierte und auch mit eigenständigen Zeichnungen und Collagen hervorgetreten ist, sondern auch bei seinen Schülern die Arbeit in anderen Disziplinen, wie Malerei oder Video anerkennt und mit Interesse verfolgt hat, wenn er dahinter ein ernsthaftes Anliegen erkannt hatte. Seine Schüler lehnen sich an ihn an oder treten auch in bewusste Konfrontation zu ihm, so wie es Croissant in der Auseinandersetzung mit seinem Lehrer Toni Stadler selbst praktiziert hat. Obwohl (oder weil) er sich immer wieder gegen Stadler auflehnte und auch dabei lernte, hat er diesen zeitlebens verehrt. Ähnlich verhält es sich zwischen Croissant und seinen Schülern, die unabhängig von unterschiedlichem Naturell, Alter und Entwicklung schon früh oder auch erst später sein künstlerisches Anliegen begriffen und die Leidenschaft, mit der er es verfolgte, ebenso bewunderten wie sein bescheidenes und einfühlsames Auftreten und sein kritisches Potenzial. – Croissant hatte die Größe anzuerkennen, wenn ihm der eine oder andere Schüler etwas voraus hatte und tolerierte auch andere Auffassungen von Skulptur und Plastik.

Die Ausstellung des Speyerer Kunstvereins bietet die Gelegenheit, die im vorliegenden Katalogbuch gesammelten Einschätzungen an Originalwerken zu überprüfen. Sie soll der Anfang sein zur Erschließung des komplexen Themas „Michael Croissant und seine Schüler", zu weiteren Untersuchungen anregen und zeigen, was die jüngeren Bildhauer und Plastiker ihrem pfälzischen Lehrer verdanken, wie und was er zur Weiterentwicklung der jüngeren deutschen Plastik beigetragen hat.

Herbert Dellwing

Anmerkungen

1 Siehe „skulptur aktuell II", Bielefeld 1986, S. 20

2 Peter Weiermair, in: Michael Croissant, Plastiken und Zeichnungen. Ausstellungskatalog Kunstverein München 1991, S. 7

3 Croissant, in: Hans-Purrmann-Preisträger 1966 und 1969. Ausstellungskatalog Nr. 3 des Kunstvereins Speyer 1969, S. 10

4 Das von Bernd Fischer auf S. 25 unten erwähnte Foto mit studentischen Parolen in einem Atelier der Croissant-Klasse ist abgebildet in: Städelschule Frankfurt am Main – Aus der Geschichte einer deutschen Kunsthochschule, Frankfurt/M., 1982, S. 151.

5 Peter Weiermair, 1991, S. 7

6 Vgl. Croissant im Gespräch mit Schülern, in: Städelschule – Situationen 74/75, herausgegeben von Thomas Bayrle, Frankfurt 1975

7 Philos II. Ausstellung von Bildhauern der Städelschule im Garten des Frankfurter Hotels Intercontinental 1985, S. XY

8 Josephine Gabler, „Unbehelligt vom ständig korrigierenden Auge". Ein Überblick über die bildhauerischen Techniken von Michael Croissant, in: Josephine Gabler/Birk Ohnesorge (Hrsg.) 2003, S. 97 ff.

9 Peter Weiermair, 1991, S. 8

10 Hierbei soll darauf hingewiesen werden, dass auch andere bedeutende Künstler bisweilen Techniken ihrer Schüler übernommen haben, so etwa gleichzeitig sein Karlsruher Bildhauerkollege Wilhelm Loth, der den von seiner Schülerin Ingeborg Meier-Buss entdeckten Kunststoff als Stoff der Kunst sich angeeignet und lange Jahre mit diesem Material gearbeitet hat. Siehe: Wilhelm Loth und seine Schüler. Bearbeitet von Herbert Dellwing. Ausstellungskatalog Kunstverein Speyer 2003, S. 13 ff.

11 Ludwig Rinn, Der Bildhauer Michael Croissant. Plastik als Existenzfigur, in: Weltkunst 65, Nr. 8 vom 15. April 1995, S. 1022

12 „In diesem Sinne ist die Beziehung zwischen Figurativem und Abstrakten eine rein intellektuelle und nicht aus der figürlichen Zwangsläufigkeit heraus zu erkennen" Isabella Rösinger in einer Hausarbeit über Michael Croissant, die sie im Sommersemester 1992 in meinem Seminar an der Universität Frankfurt schrieb.

13 Vgl. hierzu Christa Lichtenstern, „Ich sehe mich ganz in der Tradition" – Croissant und die Kunstgeschichte, in: Gabler/Ohnesorge, 2003, S. 41 ff.

14 Siehe Butzbacher Künstlerinterviews 1982, S. 69

15 Zwischen Croissant und dem ebenfalls aus Landau stammenden Michael Kalmbach bestand, wie man erzählt, fast ein Vater-Sohn-Verhältnis. – Mit einem E-Mail vom 4. August 2008 teilt mir Carlotta Brunetti mit, daß Croissant im Januar 2001 seine nächsten Schüler zu einem Abschiedsessen vor seiner Operation eingeladen und sie mit seiner Erlaubnis ein Abschieds-Video gedreht habe: „Es war ein schöner und wehmütiger Abend. Wir alle wussten, daß es nie mehr so sein würde. Am Montag darauf wurde er an Lungenkrebs operiert". (Croissant war jahrzehntelang Kettenraucher.)

16 Adam Seide, Die Bildhauerin Ann Reder und ihre Arbeit, in: A.R. Ausstellungskatalog Museum Wiesbaden 1987

17 Ann Reders Spuren in Schwarz, in: Ein halbes Jahrhundert Kunst und Literatur. Was da ist in Frankfurt (hrsg. von Gerhard König und Adam Seide) 1983, S. 128 f.

18 Sabine Wagner, Nun wird die Ahnung von Leere und Weite zur Gewissheit, in: Ann Reder, von Licht und Dunkel. Plastiken 1993 – 1996. Ausstellungskatalog Kunst im Dominikanerkloster Frankfurt 1996, S. 5 f.

19 Dies finden wir auch bei Mario Merz und anderen, in Frankfurt bei Klaus Bury.

20 Beate Frosch, Dieter Oehm – Blockadebrecher, in: Dieter Oehm. Ausstellungskatalog Museum Goch 1999/ Museum Stadt Bad Hersfeld 2000, S. 4 ff.

21 Dietz Eilbacher. Skulpturen und Zeichnungen 1982/1992, Frankfurt o.J., S. 5

22 So Inge Schmidt in einem Brief an den Verfasser vom 27. Mai 2008

23 Alfred M. Fischer, Das Vertrackte des Einfachen. Zum plastischen und zeichnerischen Werk von Inge Schmidt. Ausstellungskatalog Marburger Kunstverein 2002, S. 2/3

24 Croissant soll die Offenheit ihrer Arbeiten noch bei späten Besuchen in Schmidts Atelier bewundert haben; dies sagte mir die Künstlerin in einem Telefongespräch am 25. Mai 2008.

25 Matthias Will in einem Gespräch mit Christiane Klein, in: Matthias Will, Skulpturen 1993/1996, Frankfurt 1996

26 Peter Anselm Riedl, Die Leichtigkeit der Schwere, in: Matthias Will – Bildhauer. Darmstädter Kunstedition Merck 43, Darmstadt o.J., S. 5 ff.

27 Die Verbindung geometrischer Objekte mit informell gestalteten Oberflächen findet sich z.B. auch bei der Frankfurter Malerin und Objektkünstlerin Karin Radoy.

28 Zitiert in Dorothea van der Koelen, Opus. Heiner Thiel, Mainz 1994, S. 15

29 Daselbst, S. 33

30 Daselbst, S. 59

31 Daselbst, S. 57

32 Thiel hat seit längerem ein zweites Standbein in den USA.

33 Ilonka Szerny, 2007. Siehe auch Lehanka über Lehanka, in: Pop, Technik, Poesie. Die nächste Generation. Literaturmagazin 37, Hamburg 1996, S. 96 ff.

34 So Lehanka in einem Brief vom 20. Mai 2008 an den Verfasser.

Als Student bei Michael Croissant

Erfahrungen von Bernd Fischer

Als 22jähriger sah ich 1976 eine Ausstellung von Michael Croissant in der Galerie Appel & Fertsch in Frankfurt/M. Ich besuchte sie mehrfach, da mich die Exponate nachhaltig berührten. Es wurde mir gesagt, dass Croissant Professor an der Städelschule ist. Ich habe daraufhin meinen ganzen Mut zusammen genommen und um die Aufnahme in seine Klasse gebeten. Die gewährte er mir sofort. So begann für mich eine meine Kunst und mein Leben prägende Erfahrung. Michael Croissants wirkliche Freundlichkeit und sein nicht rastendes Hinterfragen und Suchen haben mich ermutigt, meinen eigenen Weg als Künstler zu gehen.

In der Klasse

Zu meiner Studienzeit (1976-82) stellte Croissant gewöhnlich eine Semesteraufgabe, z.B. Aktmodellieren nach Modell, Entwicklung von plastischen Körpern aus flächigen Elementen etc. Für diese Aufgaben war der Vormittag vorbehalten. Der übrige Tag galt der selbst beauftragten Arbeit. Croissant äußerte mehrfach seine Zweifel an den von ihm gestellten Aufgaben, schätzte sie aber letztlich doch als sinnvoll ein. Die Arbeit an der Aktfigur sah er als überholt an, gleichzeitig war er davon überzeugt, dass sich in der Auseinandersetzung mit der menschlichen Figur am besten ein Gefühl für komplexe organische Zusammenhänge entwickeln lässt.

Es kam vor, dass Michael Croissant die Frage stellte, ob er an der in Arbeit befindlichen Tonfigur eine Korrektur vornehmen dürfe. Die Frage bezog sich vielleicht nur auf eine bestimmte Stelle, die er praktisch eingreifend ändern wollte. Das kam nicht oft vor. Aber wenn es vorkam, war es nicht ungewöhnlich, dass seine Maßnahme ziemlich bald zu einer Totalüberholung der studentischen Arbeit geriet. In seiner spontanen Performance dienten lose im Atelier umherliegende Bretter oder Sessellehnen als Modellierhölzer, und Spachteln wurden zu Messern, die ganze Figurenbereiche radikal abschnitten. Ich erinnere eine solche Operation an meiner Arbeit als erschütternd, aber nicht verletzend.

Michael Croissants Korrekturen waren für mich als Student nicht immer leicht verständlich. Es gab Situationen, in denen wir Schüler gemeinsam darüber rätselten, wie die Arbeitskritik zu verstehen sei. Er nahm formale Korrekturen vor – nicht erinnern kann ich mich aber an formalistische Kriterien, dogmatisierende Theoriebildung oder gar allgemein gültige Produktionsrezepte. Seine Kritik galt dem einzelnen Werk, berücksichtigte das künstlerische Vorgehen und die Haltung, die zu der jeweiligen Arbeit geführt hatten – inklusive der Fehlbarkeit in seinem Urteil.

Ich erlebte ihn als offen für unterschiedliche Auffassungen. Die Vielfalt der Standpunkte seiner Schüler, die ja nicht nur in den Bereichen der klassischen Bildhauerei arbeiteten, sondern z.B. auch auf den Feldern Performance, Land Art oder Malerei ihr Werk mit Erfolg realisierten, kann dies belegen. Ich erinnere mich aber auch an eine Situation, in der Michael Croissant einem Studenten einen Lehrerwechsel nahe gelegt hat. Bemerkenswert erschien mir seine Begründung: Croissant sah sich nicht in der Lage, die Wünsche des Schülers zu erfüllen, sie waren zu sehr auf sein eigenes Kunstverständnis gerichtet. Croissant sprach von einem personenbezogenen Lehren und Lernen, mit Hinweis auf die eigene Studienzeit. Er empfahl einen Lehrer, dessen Auffassung den Bedürfnissen des Schülers mehr entsprach als seine.

Michael Croissant arbeitete selbst täglich in seinem Atelier in der Städelschule. Gelegentlich, meist kurz bevor er zum Mittagessen nach Hause ging, schaute er bei uns Studenten vorbei.

Gut erinnere ich mich an die Diskussionen mit ihm. Dabei blieb nichts übrig von meinen Auffassungen, er zerlegte jede Vorstellung. Seine Zweifel waren fundamental. Er nahm sich selbst nicht aus. Michael Croissants eigene Zweifel waren seine treuen Weggefährten bei seiner Suche nach einer schönen Plastik, die er meiner Erinnerung nach niemals als „absolut" bezeichnet hat. Seine Aufmerksamkeit richtete sich auf den Vorgang des Gelingens oder Misslingens einer Arbeit. Die Suche nach dem gelungenen Werk verstand er als notwendig und zweckfrei. Croissant war überzeugt, dass das schöpferische Werk einem letztendlich zufiel, bewusste Vorgaben nur bedingt über das Miss- oder Gelingen einer Arbeit entscheiden. In dem gelungenen Werk vereinten sich für ihn Konzeption, Emotion und Handwerk organisch und selbstverständlich zu einem inneren und äußeren Schönen. An eine individuelle Entwick-

Michael Croissant bei der Eröffnung seiner Ausstellung in der Galerie Appel & Fertsch in Frankfurt/M. 1992

lungsmöglichkeit zu immer schöneren oder besseren Arbeiten glaubte Michael Croissant nicht. Üben und Arbeit waren für ihn die Voraussetzung für das Gelingen.

Im Liebieghaus
Michael Croissant äußerte noch Jahre nach seiner Lehrtätigkeit sein Erstaunen über die „blinden" Studenten, die vor den schönsten Plastiken standen, ohne deren Schönheit zu sehen, und sein Bedauern, das Schöne durch Worte nicht hinreichend ausdrücken zu können.

Im Auto
Auch in den Gesprächen im Auto argumentierte Croissant immer wieder mit Werkbeispielen aus allen Kulturen. So kam es vor, dass er beim Lenken des Fahrzeugs (kein Automatikgetriebe) in ungebremster Fahrt die Linienführung oder die plastische Entwicklung eines Werkes mit den ihm eigenen charakteristischen Handbewegungen in die Luft zeichnete, mitunter auch im dichten Stadtverkehr. Im „Elch"
Croissant war großzügig. A.W., einige Semester über mir, ein Hüne von Mann, ich erinnere starke Machosprüche, betrat zu unser aller Erstaunen das Atelier mit sauerstoffblondierten, dauergewellten Haaren. Es wurde deutlich, dass A. sich in seiner neuen Stammkneipe in einen Transvestiten verliebt hatte. A. litt. Michael Croissant regte einen Klassenausflug in den „Elch", das Travestielokal Frankfurts an und lud uns alle ein.

In einem Atelier der Croissant-Klasse in der Städelschule
Auf einem Foto sah ich später die wohl aus den 68er Jahren stammenden, wahrscheinlich von seinen Studenten an die Atelierwand geschriebenen Sätze: „Kunst kommt – Kunst geht" und „Kunst geht hervor aus der Objektivität der Materie".

Kunststudium in der Bildhauerklasse von Michael Croissant

Sehr subjektive Äußerungen von Matthias Will

Ich habe erst in einem größeren zeitlichen Abstand die Zeit in der Klasse von Michel, wie wir ihn nennen durften, und gegenseitiges Duzen war auch üblich, zu schätzen gelernt, und welche weit reichenden künstlerisch produktiven Einflüsse und Anregungen ich bei ihm erfahren durfte.

Ich gehörte nicht zum „inneren Kreis" der Klasse: ich hatte an der Universität Frankfurt Kunsterziehung studiert, als ich an der Städelschule 1975 anfing und erlebte einen „Kulturschock" angesichts der Tatsache, um es etwas überspitzt auszudrücken, dass bei Croissant wenig gesprochen und noch weniger diskutiert wurde.

Nach den ausufernden Diskussionsrunden an der Uni war ich hier offensichtlich in einer anderen Zeit gelandet: Der Student war hier Schüler und machte erst mal das, was der Meister machte, also die Lehre fand statt auf der Basis der plastischen Auseinandersetzung mit Figur; großformatiges Aktmodellieren und eine abstrahierende Formentwicklung als Fortführung des Naturstudiums waren zentrale Aktivitäten, und in Ermangelung eigener Erfahrungen lag eine enge Orientierung an Croissant nahe, die dieser auch unterstützte, wenn nicht sogar forderte. Und der manchmal verzweifelte Versuch, die Figur zu öffnen, z.B. um eine Schrittstellung wiederzugeben, um zu einer deutlich unterscheidbaren Formulierung zu kommen, endete in der Korrektursitzung in schöner Regelmäßigkeit in einer geschlossenen Form nach Michels Figurverständnis. Oft kam ja auch die Dachlatte zum Einsatz, vielleicht eine Variante der Stadlerschen Praxis mit dem Säbel zu korrigieren. Nach den Erfahrungen von 68 war eine solche Studiensituation nur geeignet, meinen gerade erst frisch entwickelten antiautoritären Widerspruchsgeist zu wecken und mich innerlich dagegen zu stemmen.

Aber ich war auch zugleich tief beeindruckt von der Ernsthaftigkeit und Radikalität der künstlerischen Haltung, die Croissant verkörperte. Es ging immer ums Ganze, und das habe ich so verstanden: Kunstmachen war nichts für schönes Wetter und zum Wohlfühlen, sondern war eine Entscheidung für das ganze Leben mit allen Höhen und Tiefen. In der künstlerischen Praxis ging es um verbindliche, über den Tag hinaus tragfähige künstlerische Lösungen, die auf den Punkt gebracht sind.

Und auch dass Kunst ein Prozess ist, dessen Ende nicht vorausgedacht werden kann, war ein wichtiger Gedanke. Hier verwies Michel des öfteren auf Willi Baumeisters „Das Unbekannte in der Kunst", und auch das Buch „Zen in der Kunst des Bogenschiessens" von Eugen Herrigel lieferte Hinweise, die in unseren suchenden Hirnen von bleibender Wirkung waren. Insofern war es auch nur konsequent von ihm, uns dazu anzuregen, eher unkonventionell mit den Materialien umzugehen und neue Möglichkeiten auszuprobieren, als sich auf traditionell gesicherte Verfahren wie z.B. Steinbearbeitung zu stützen. Allerdings gab es kaum Gestaltungsübungen, die ein bestimmtes plastisches Problem thematisch umkreisen. Im wesentlichen war jeder im Atelier auf sich selbst gestellt und musste sich sein eigenes Vorhaben erarbeiten.

Um ein Resümee zu ziehen: Das Studium bei Michael Croissant war herausfordernd und anstrengend, aber wer es verstand, mit den auch oft persönlichen Schwierigkeiten umzugehen, konnte enorm bei der Entwicklung eines eigenen künstlerischen Profils profitieren.

Die Künstler

Michael Croissant

Über seine Motivation zum Bildhauer schreibt Michael Croissant im Rückblick: „Mein Vater war Maler, zwei meiner Onkels waren Maler … Die Konkurrenz mit diesen vielen Malern wollte ich nicht eingehen, wahrscheinlich bin ich deswegen Bildhauer geworden" (Butzbacher Künstlerinterviews 1982). In München wird er Schüler von Toni Stadler, der aus der zeitlichen Distanz Croissant 1972 als seinen besten Schüler bezeichnete und schon 1958 gegenüber Hans Purrmann versichert hatte, er habe nie einen so begabten Schüler gehabt wie Croissant. Dieser verdankt seinem Lehrer die Begeisterung für die figürliche Plastik der griechischen Antike wie die der Etrusker und die lebenslange Orientierung an den menschlichen Proportionen, insbesondere aber auch den hohen künstlerischen Anspruch und die Kritik am eigenen Werk. Bei Stadler äußert sie sich in der Zerstörung eigener Arbeiten, bei Croissant in der öfter formulierten Unzufriedenheit mit seinem Schaffen und der ständigen Wiederholung derselben Motive von Figur und Körper bei der Suche nach einem zeitgenössischen Menschenbild.

Schon in den Frühwerken von Croissant in den 50er und frühen 60er Jahren wird die Gefährdung der Figur thematisiert. „Neben Torsen und Köpfen, die eigenartig zwischen ungeschiedener Formmaße und Porträtähnlichkeit leben, sind vor allem Tierkörper und Schädel, meist nicht näher benennbarer Misch- und Zwitterwesen zu erkennen … Ende der 60er Jahre tritt mit den Köpfen und hier vor allem den Helmköpfen eine Formberuhigung ein. Die Oberfläche ist nun weniger Ausdruck eines organisch-energetischen Kräftespiels, sondern scheint einer inneren Tektonik zu folgen… Diesen Veränderungen entsprechen neue Inhalte. Das Motiv der Hülle setzt sich durch … 1971 und 1972 entstehen die ersten lebensgroßen aufrechten und liegenden Körper als verhüllte Figuren… Die Hülle zeigt den Verlust der Figur an" (Ludwig Rinn, 1995). Seit 1974 benutzt Croissant biegbare Metallplatten als Ausgangsmaterial für seine Arbeiten. Aus den Platten trennt er Segmente heraus, biegt sie und schweißt sie zusammen. „Das Verfahren, das zunächst in Verbindung mit dem Hüllenmotiv zu sehen ist, führt schrittweise zu einer Formalisierung des Figurenmotivs. Die jüngeren Arbeiten sind Konstruktionen, die als solche einsichtig sind. Sie sind also Zeichen oder Formeln für Figur, lassen jedoch, anders als etwa Pictogramme, zugleich Gestalt, Körper assoziieren". Das zeigt beispielsweise die in der Abbildung auf Seite 31 wiedergegebene Figur von 1991: „Zwei gleiche S-förmig geschnittene Flächen, die in der Senkrechten gebogen wurden, sind gegenseitig zusammengeschweißt. Ihre S-Kurve verläuft also spiegelbildlich, sodaß die rückseitige Fläche mit ihren gegenläufigen Ausschwüngen sichtbar ist. Die Flächen sind an ihren Anstößen nicht kaschiert oder räumlich vermittelt, der Betrachter soll das Baugesetz erkennen können. Auf das Zusammengesetzte verweisen auch die stehen gelassenen Schweißnähte. Die unperfekte, >primitive< Arbeitsmethode hält die Konstruktionsidee im Ergebnis für den Betrachter offen … Die potentiell endlose Bauformel ist also, unterschiedlich zu Arbeiten Brancusis oder der minimal art, an den endlichen Figurkörper zurückgebunden" (Rinn, 1995 über eine Figur der gleichen Werkgruppe).

Wie seine Figuren sind auch Croissants Köpfe selbst in ihrer reduziertesten Form von menschlicher Anmutung. Der auf Seite 33 gezeigte späte Kopf stellt eine minimalistische Reduktion dieses Motivs über einem spitzwinkligen Dreieck dar. Der aus Flächenelementen zusammengefügte, keilförmig ausgerichtete Kopf ist mehr als eine stereometrische Konstruktion. Minimale Drehungen und Achsabweichungen vermitteln eine natürliche Spannung und anthropomorphe Erinnerung, lassen erkennen, daß hinter dem gesichtslosen, gepanzerten Etwas ein Kopf steckt. Der Rückzug hinter die schützenden, abstrakten Eisenplatten ist „Ausdruck einerseits der Ausgesetztheit des Menschen in einer ihm fremd gewordenen Welt, andererseits, in der Formkonzentration, auch seines Behauptungswillens" (Rinn, 1995).

„Was Riedl in seinen Überlegungen zu Croissant in den Begriff des Unvollkommenen gefasst hat, muss beim ihm positiv gesehen werden, als Programm der Offenheit, das Widersprüche nicht einebnet, sondern offen hält. Daher darf man diese Gegensätze, die man bei der Rezeption seiner Skulpturen erfährt, nicht als Kollision unterschiedlicher Ausdrucksinteressen begreifen, sondern als Teil jenes die Entwicklung und die Lebendigkeit des Arbeitens konstituierenden Zweifels, der den Künstler auch dazu führt, das Erreichte immer wieder zu überdenken, einer Überlegung, wie sie auch Alberto Giacometti im Hinblick auf die Legitimität von Figur heute kannte. Dieser Zweifel ist Teil unseres Lebensgefühls und unserer Welterfahrung, er ist für die Arbeit nicht hinderlich, sondern wird in der Arbeit mitthematisiert" (Peter Weiermair, 1991).

Herbert Dellwing

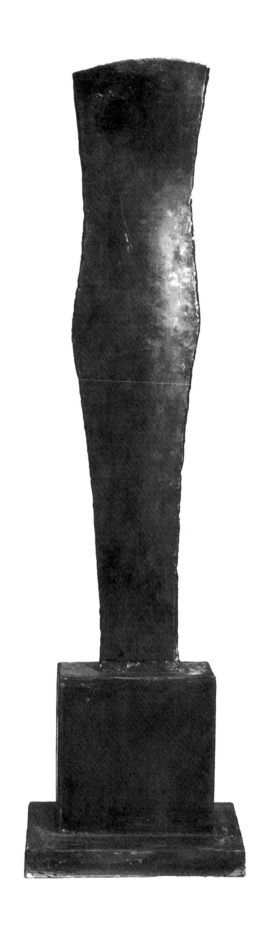

Michael Croissant
Torso, 1975, 168 x 33 x 32 cm, Eisen geschweißt, WVZ 260

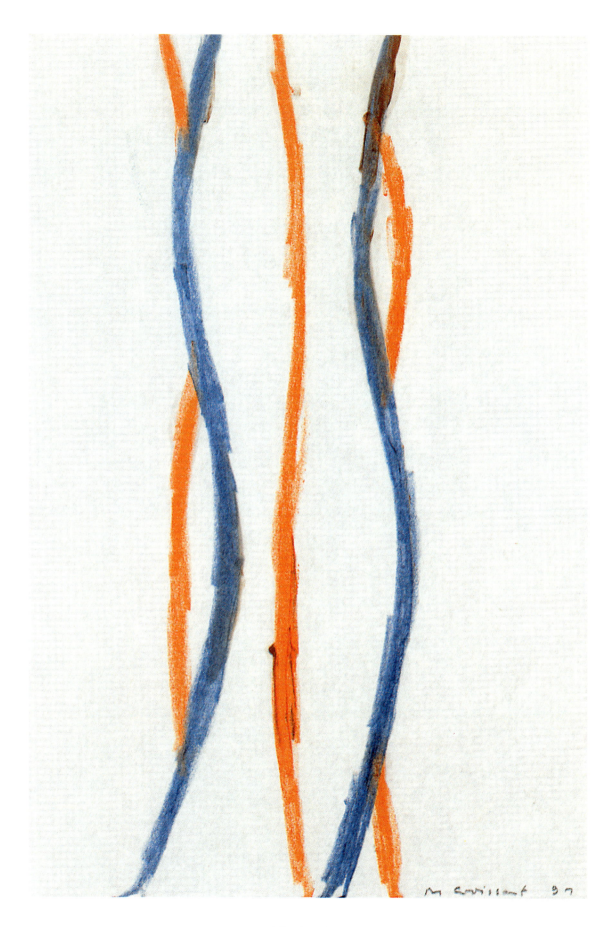

Michael Croissant
o. T., 1991, 42 x 28 cm, Farbkreiden / Papier

Michael Croissant
Figur, 1991, 200 x 59 x 11 cm, Bronze geschweißt, WVZ 862

Michael Croissant
Kopf-Schulter, 1991, 90 x 118 x 102 cm, Eisen geschweißt, WVZ 420

Michael Croissant
Kopf, 1991, 30 x 30 x 18 cm, Eisen geschweißt, WVZ 868

Dietz Eilbacher

Im Zentrum des bildhauerischen Arbeitens von Eilbacher steht die Steinskulptur, vornehmlich aus Basaltlava oder Muschelkalk – Materialien, die aus der Region, in der er lebt und arbeitet, stammen und die der Künstler vor Ort auswählt. Oberstes Prinzip ist für ihn, den Stein so wenig wie möglich zu bearbeiten und das Material in seiner Struktur zu belassen. Das führt dazu, dass Bruchkanten erhalten bleiben und die gestalteten Flächen durch Bearbeitung mit dem Spitzeisen der natürlichen Struktur folgen. Mit dem Spitzeisen gräbt er ein feines Relief in den Stein; dies kommt der Eigenwertigkeit des Materials in einem hohen Maße entgegen. Eine polierte Oberfläche wäre für Eilbacher undenkbar, widerspricht sie doch seinen Prinzipien.

So sparsam wie Eilbacher bei der Bearbeitung der Oberflächen verfährt, ist er auch bei der Formfindung. Wenige Grundformen bestimmen sein Werk. Sie bezeichnen nichts Bestimmtes, vielmehr sind es Grundelemente allgemeinen Gestaltens und als solche abstrakt. Anregung und Bestätigung für seine reduzierte Formensprache findet der Künstler in Bildern und Sätzen, auf die er zufällig stößt. Ein solches Satzfragment, nämlich „vom Verschwinden des Menschen" ist gleichsam zum Leitmotiv von Eilbacher geworden, der darin ein Äquivalent zu seinen Skulpturen sieht. Stele, Büste oder Kopf sind keineswegs gegenstandslos, in ihrer Ausführung aber abstrakt. Lediglich in ihren Ausmaßen entsprechen die so bezeichneten Formen einem Kopf bzw. einer Büste. Dabei legt der Künstler besonderes Gewicht auf das Zusammenspiel von Positiv- und Negativform.

Die Negativform begreift Eilbacher als eine sich zurückziehende, gelegentlich sogar als Lehrstelle abweisende Form. Sie ist für ihn ebenso wesentlich wie die Positivform, schließlich resultiert das Positiv aus dem Negativ, wie das Negativ das Positiv hervorbringt. Beide Formprinzipien bedingen sich gegenseitig. Die Bedeutung der Negativ- bzw. Hohlform hat Eilbacher schon bei seinem Lehrer Michael Croissant erkannt. Auch Croissant sei vom Hohlkörper ausgegangen. Und Toni Stadler habe darauf hingewiesen, dass eine Figur ebenso wie ein Gefäß hohl sei. Die Erkenntnis von der Bedeutung einer Negativform ist also nicht neu, neu hingegen der Umgang mit ihr. Eilbacher bringt sie in der sogenannten „Rinne" hervor, die bei vielen seiner Skulpturen neben den naturbelassenen Bruchkanten die eigentlich bearbeitete Stelle ist. Wie ein roter Faden zieht sich die Hohlkehle durch das bildnerische Werk der letzten Jahre. Sie ist ein Relikt seiner Tätigkeit als Steinmetz für historische Bauten, die noch in die Jahre seines Studiums zurückreicht. Besonders einprägsam zeigt sich die Hohlform in der aus Basaltlava gehauenen „Rinne" von 1997. Sie besteht aus drei in ihren Ausmaßen ähnlichen Teilen, deren verbindendes und zugleich dominierendes Element die eingewölbte Form ist. Sie durchläuft die Arbeit in einer einzigen Geraden. Da die drei Teile nicht auf Stoß gelagert sind, entstehen schmale Zwischenräume, die weitere Negativräume bilden. Nicht eigentlich zur Skulptur gehörig, unterstreichen sie durch den Einschnitt doch deren Volumen.

Auch ein ebenfalls aus Basalt gefertigter Kopf von 1998 wird in seinem Ausdruck wesentlich von Negativformen bestimmt. Die Bezeichnung als Kopf ist auf seine Ausmaße zurückzuführen, die das Maßverhältnis eines menschlichen Kopfes aufgreifen. Seine Form basiert auf einem dreiteiligen Konzept. Sieht man von der als Fläche behandelten Rückseite ab, wird die Frontalansicht von drei Vorsprüngen bestimmt, deren Bedeutsamkeit aber aus Einbuchtungen resultiert, die mit gleicher Prägnanz in Erscheinung treten und die Gesamtform rhythmisieren. Das Wesen der Skulptur besteht ebenso in den Einschnitten wie in den Ausbuchtungen, und letztlich bleibt unbestimmt, welchem Prinzip der Vorrang zu geben ist.

Neben den sich zurückziehenden Formen bildet das nach vier Seiten ausstrebende Kreuz von 2007 eine auffällige Erscheinung. Eilbacher bezeichnet es als Büste – unabhängig davon, dass er es für die Jakobskirche in Frankfurt geschaffen hat und es in diesem Kontext unbedingt als Kreuz figuriert. Der Künstler findet in den nach oben sowie nach rechts und links ausladenden Enden die Grundform einer Büste mit Kopf und Schultern wieder. Da der eine Arm stark verkürzt ist, gar gebrochen scheint, wirkt es verstümmelt. Die hier anklingende Fragilität erklärt sich aus dem Material, aus dem die Form gefertigt wurde. Es ist Wellpappe, die an den Kanten mit Wachs verklebt wurde, dessen Spuren auch noch im Bronzeguß erhalten blieben. Die hier praktizierte Vorgehensweise ist derjenigen von Michael Croissant abgeschaut. Wo Croissant Eisen- und Bronzebleche verschweißte, greift Eilbacher zur Pappe mit Wachsverbindung.

Dietz Eilbacher
Rinne, 1997, 185 x 24 x 30 cm, Basaltlava

Der von Croissant ausgehende Einfluss macht sich auch bei der dreiteiligen, 2002/03 entstandenen „Formation"
aus Basaltlava bemerkbar, zugleich auch die Bedeutung, die Eilbacher dem Umraum, dem Umfeld zuweist: „Der
uns umgebende Ort ist genauso wichtig wie das eigentliche Objekt" (Eilbacher). Die auf dem Boden ausgestreckten
Teile sperren sich bewusst gegen eine tatsächliche, d. h. konkrete Verbindung, auch wenn die Einkerbung im quer-
liegenden Balken eine solche nahelegt. Vielmehr vollendet sie sich in der Anschauung des auf dem Boden liegenden Gesteins.

Im Werk von Dietz Eilbacher leben künstlerische Sichtweise und Haltung von Michael Croissant fort. Wie sein Lehrer
folgt er keinen Moden und Tendenzen – eine Haltung, die er von Anbeginn seines Schaffens konsequent eingehal-
ten hat. Dadurch ist sein Werk zeitlos aktuell.

Viola Hildebrand-Schat

Dietz Eilbacher
Brücke, 1988, 25 x 12 x 160 cm, Granit, 3 Steine

Dietz Eilbacher
Formation, 2002/03, ca. 500 x 300 cm, Basaltlava, 3-teilig

Dietz Eilbacher
Büste, 2007, 274 cm hoch, Bronze

Marko Lehanka

„I don't like Lehanka": Diese negativ konnotierte Paraphrase stammt vom Künstler Marko Lehanka selbst. Appliziert auf einem Schild fügt er sie dem Kunstwerk „Mein diskussionsfreudiges Hörnchen" (Abb. S. 21) offensichtlich als Attribut hinzu. Diese selbstreferenzielle Aussage wurde durch die schriftliche Fixierung auf einem Demonstrationsschild noch manifester und ist als ein selbstironisches Zitat des 1961 in Herborn/Hessen geborenen Bildhauers zu werten. Der darin enthaltene Humor ist nicht nur punktuell in einer Arbeit von Lehanka zu finden, sondern verläuft als künstlerisches Prinzip durch das Werk des Bildhauers. Die erheiternde Grundhaltung gegenüber den alltäglichen Erscheinungen des Lebens, die letztlich Leben erst dynamisiert, vitalisiert und lebenswert erscheinen lässt, zieht sich mit aller Stringenz und Konsequenz wie ein roter Faden durch das Oeuvre Lehankas. Es ist eine humorvolle Sicht auf die Welt, die voller Ernsthaftigkeit in seinen Objekten zum Ausdruck kommt, diese dadurch kategorisiert und strukturiert.

Formen und Inhalte der Lehanka-Objekte sind am Alltag orientiert, aber er modifiziert sie und bringt in der Variation eine künstlerische Komponente ein, deren Mehrwert in der Zweckfreiheit liegt. Diesen Aspekt, der eine Domäne der Kunst darstellt, nimmt Lehanka stets für seine Objekte in Anspruch.

Ein Holzobjekt aus dem Jahr 2004 betitelte Lehanka mit „Concorde" (Abb. S. 40). Ursprünglich hieß die Arbeit „Die Concorde auf ihrem letzten Flug mit Joan Collins an Bord", da die renommierte Schauspielerin, die in der amerikanischen Serie „Denver Clan" eine der Protagonistinnen war, dieses französische Überschallflugzeug auf ihrem letzten Flug als Passagier begleitete. Selbst diese scheinbare Marginalie, die nur für die Boulevard-Presse eine Nachricht wert ist, wird vom Künstler zumindest verbal bedacht. Dem großen Original angepasst, das seine letzte Ruhestätte 2004 im Technikmuseum in Sinsheim gefunden hat, ist der markante spitze Bug angehoben, und zurechtgeschnittene Rundhölzer bilden den Düsenantrieb.

Mit dem „Weinrad" (Abb. S. 39), 2004-07, hat Lehanka eine Hommage an Jan Ullrich geschaffen. Gleichzeitig war es als Ansporn für ihn gedacht, nachdem seine vergeblichen Versuche, erneut die Tour de France zu gewinnen, Anlass zum Weinen boten. Dieses umgedrehte Rennrad erhielt in der Kombination mit einem Riesenrad eine doppelte Radfunktion. Die mehrfache Bedeutung und die enthaltene Doppelbödigkeit wurden im Postament aufgenommen, durch eine Weinkiste ummauert und manifestiert. Mit den neuerlichen Dopingskandalen während der diesjährigen Tour de France gewinnt das „Weinrad" an Aktualität und bekommt weiteren Nährboden zum Weinen. Lehanka bevorzugt – wie bereits erwähnt – das Spiel mit den Wörtern und das Arbeiten mit Textbezügen. Er hat sich in Anspielung auf die Fahrradproduktionsfirma Biancchi mit Lehanci namentlich im „Weinrad" verewigt.

Generell sind Werktitel für den Künstler von großer Bedeutung und werden nach der Fertigstellung vergeben.

Arbeiten, die fast ausschließlich mit Schrift arbeiten, sind die Schilderobjekte auf dem Jahr 2004. Die Einzelschilder, die in Bergwiesenheu stecken und Aufschriften tragen wie „500 m Angst", aber auch Hinweise auf das Museum für moderne Kunst Frankfurt „MMK Frankfurt Germany" geben oder die Richtung für das „Institut für neue Medien" weisen, sind teilweise biografisch begründet. Im deutschen Schilderwald bieten sie eine humorvolle Komponente und stellen die Frage nach der Notwendigkeit so mancher Verkehrs- und Hinweisschilder. Die Schrift-Bild-Komposition, wobei die Schrift zum Schriftbild mutiert, ist ebenso ein Charakteristikum für Lehanka-Arbeiten und findet auf eingravierten Bierflaschen, beschrifteten Objekten und in computergenerierten Texten künstlerische Anwendung.

Lehankas poetische Blume aus Münster (Abb. S. 41) steht auf dem Prinzipalmarkt, der zentralen Einkaufszone in Münster. Farbige Surfbretthälften bilden die colorierten Blütenblätter, der Blütenkelch, gebildet von einem Monitor und einem Lautsprecher, ist zudem mit einem nicht wahrzunehmenden Computer verbunden. Die sprechfähige Blume zieht die Aufmerksamkeit der Passanten auf sich, die zusätzlich die erzählten Geschichten auf dem Monitor verfolgen können. Die Inhalte der Erzählungen, deren Ausgang bereits fest steht, besitzen einen semantischen Bezug zu Münster. Gleich dem Text von „Allen Toten" aus dem Jahr 1989 enden alle Handlungsstränge mit dem Tod der Protagonisten und stellen somit trotz aller Phantastereien letztlich endliche Lebensrealität her. Der Künstler wird hier nur zum Initiator, ansonsten übernimmt der programmierte Computer die Autorschaft. Erzählende Maschinen und fabulierende Tiere eröffnen eine Märchenwelt, in die uns Marko Lehanka mit seinen Kunstobjekten entführt.

Marko Lehanka
Weinrad, 2005/07, 175 x 125 x 47 cm, Holz, Metall, Acryl, Motor

Auch seine Münsteraner Blume trägt märchenhafte, menschliche Züge, wenn sie nach Aussagen Lehankas tagsüber Geschichten erzählt und nachts in Ruhestellung träumt. Die Lehanka-Geschichten werden in dieser Blume zum skulpturalen Werk.

Lehankas Kunst ist nicht vordergründig schön, weil jede schöne Kunst nur ein Schein dessen ist, was es zu sein vorgibt. Marko Lehanka ist ein bizarrer unorthodoxer Künstler. Eine spielerische Herangehensweise an seine Kunstobjekte ist ihm wichtig, in denen ein kreatives, experimentelles Potential verankert ist.

Lehanka integriert das Leben mit aller Alltäglichkeit in seine Kunst, im Gegensatz zur Pop Art, die versuchte die Kunst ins Leben zu integrieren. Der Bildhauer Lehanka nimmt die widrige Welt, wie sie ist, und möchte sie nicht zwanghaft verändern oder moralisch aufladen. In seinen Skulpturen hält er das Leben bzw. Lebensmomente fest, ohne zu bewerten. Er ist ein Bildhauer, ein Plastiker im Speziellen, der seine Plastiken additiv aufbaut, wobei die Materialbeschaffenheit dem Werkgedanken untergeordnet wird. Lehanka erweitert den Kunstbegriff um die Möglichkeit der konsequenten Erheiterung, gleich einem Hofnarr, der bei aller Schwierigkeit des Alltags dem Leben noch eine humorvolle Komponente abzugewinnen weiß.

Ilonka Czerny (aus: Künstler. Kritisches Lexikon der Gegenwartskunst)

Marko Lehanka
Concorde, 2004, 290 x 125 x 100 x 100 cm, Holz, Räder, Acryl

Marko Lehanka
Bitte nichts in offenes Feuer gießen,
2001, 45 x 40 x 40 cm,
Holz, Glas, Elektrik

Marko Lehanka
Asshole Rider,
2000/08, 95 x 90 x 70 cm,
Mischtechnik, Elektrik

Marko Lehanka
Blume für Münster, 2007, 700 x 470 cm, Computer, Surfbretter, Wetterstation, Lautsprecher,
Monitor, Eisen, Mikrofon

Dieter Oehm

Bäume sind an einem Ort verwurzelt. Steine stehen im Felsen an und müssen herausgebrochen werden. Dieter Oehm nimmt das Material und verwandelt es. Aus dem Holzstamm wird eine Figur. Ein Stein schwebt, so wie er es in einer ungewöhnlichen Skulptur, 1984, in Gießen verwirklicht hat. Auf drei Metallstützen, die über einem gleichschenkligen Dreieck nach oben sich einander zuneigen, wird ein schwerer Felsbrocken diagonal aufgespießt in die Höhe gehoben: Überwindung der Last des Materials, Blicklust, typische Aufbrüche und Veränderungen durch den Künstler. So kühn überwindet er auch die Fesselung des Holzes.

Frühe Holzarbeiten (1973–1975) wirken dunkel und mächtig und tragen ihr Volumen wie Wächterfiguren ihren Panzer. Die schwarzgraue Einfärbung trägt zu diesem Eindruck bei. Jahrzehnte des Wachstums, die stolzen Ringe des Alters sind zu spüren. Im Raum stehend, sind diese Figurensäulen von der Masse definiert, aus der sie entstanden sind, man sieht den Holzstamm, den Kern, um den sich die Skulptur entwickelt. Ob Stein, ob Holz, das Material ruft nach Weckung und Artikulation. Natürlich tut der Künstler das Seine, die Figur zu enthüllen, die Form zu gewinnen. Mit der Axt oder dem Meißel, den feinen Sägen und den Feilen nimmt er weg, umschreitet, streichelt. Er vollführt jenen lebendigen Tanz um das Material, bis die vom Menschen und seiner Figur ausgehenden Skulpturen mit ihren kontruktiven Elementen sich aufbauen. Danach gewinnt Dieter Oehm „Raumstrukturen" (1979). Die Volumen durchdringen sich nun, die Masse öffnet sich, Materie wird umgriffen, und die Rhythmisierung gleicht einer gewaltigen Akkordierung.

Das Aufbrechen und Druchdringen der Volumen vermitteln ein Vor- und Zurück im Raum, das atmend wirkt. Die stehenden und lagernden Körper erobern sich ab 1980 durch stärkere Gliederung den Umraum, scheinen bewegt.

Seine Säulenraumfiguren wirken transparent. Sie treten aus sich heraus. Der Bildhauer schreitet nicht nur um die Figur. Es ist eher ein Pas de deux, Agieren, Reagieren, eine sinnliche Belebtheit.

Der Schritt zur raumgreifenden und raumdurchdringenden Skulptur ist begleitet durch eine Fülle dichter, teilweise großer Bildhauerzeichnungen, die die Oehmschen Gedankengänge von Passagen aus Volumen und Raum klärend unterstützen und kommentieren. Diese Passagen geht der Bildhauer jetzt mit dem Material. Teilweise sehen die Zeichnungen aus wie Steinexplosionen und Wasserstrudel, wie sie Leonardo da Vinci (1452–1519) gezeichnet hat. Der große Renaissance-Künstler hatte bemerkenswertes Interesse an geologischen Studien. Beim Zeichnen von Steinlawinen, Wasserstrudeln u. ä. ging es ihm immer um das Muster, es ging ihm um die Regelhaftigkeit im Spiel der Energien. Seine Wolkenbrüche und Explosionen sind analytische Studien des Lebendigen. In den Ordnungen erkennt er das innere Gesetz. In diesem Sinne erinnern die Zeichnungen an die Regelhaftigkeiten, die im Aufbrechen und Auseinanderbersten vorhanden sind. Im Licht und Gegenlicht, im Schatten und in der Schwärze baut sich Materie auf, rauscht vorbei oder versinkt, wirkt nach vorne, sichtbar plastisch. Oehm analysiert die Konsequenzen von haptischen und optischen Durchdringungen.

Das Erkenntnisinteresse des Künstlers wird auch in den in der zweiten Hälfte der 90er Jahre geschaffenen „Punti Essentiali" deutlich. Die Skulpturen-Bozzetti haben den Artikulationsspielraum der plastischen Formsprache zum Inhalt.

Dieter Oehm, mit vielen Arbeiten im öffentlichen Raum vertreten, hat seine Form und Materalanliegen immer temperamentvoll und bekenntnishaft vertreten. Er ist ein kenntnisreicher Vertreter seiner Kunst. Holz blieb sein Lieblingsmedium. Neuerdings nutzt er die Erweiterungsmöglichkeiten, die Zusammensetzbarkeit des Holzes, wie in seiner neuesten Werkgruppe „Corpus inexhaustus". Er geht in die Höhe, in die Breite und Tiefe durch Ergänzung im Material, aber ohne Beliebigkeit. Dies erinnert an spätmittelalterliche Schnitzaltäre, die sich, zielvoll und diszipliniert, erweitern, die den Möglichkeiten des Raumes in einem gotischen Chor folgen und diesen Raum durch Gespränge und Fialen ganz auszuschöpfen versuchen. In künstlerischer Disziplin und unter dem Aspekt klarer Vorstellungen nutzt er die Möglichkeiten zu Erweiterungen.

Das Volumen in seinen Werken der Anfangsjahre ist, gemessen an diesen „mehrsätzigen Sinfonien", standfest, standhaft. Mit Durchdringungen und Öffnung der Volumen, mit dem Eintreten des Lichtes in die Arbeit kommt es zu einer neuen Bewegtheit, die auch den Betrachter bewegt. Sein Raum wird mit eingebunden, und dies führt zu einem Dialog. Der Raum wird zum Ort des Einstehens für eine künstlerische Idee und seines Verstehens.

Dieter Oehm
Raumelement, 1985, 27 cm hoch, Holz

Die manieristische Bildhauerei des 16. Jahrhunderts, die mit der Entwicklung der „Figura Serpentinata" eine Geschlossenheit des linearen Aufbaus erreichte, der den Betrachter um die Figur lenkte, bot gleichzeitig dem Neugierigen eine Fülle von Durchbrüchen und Querverbindungen, Durchblicken und schwingendem Material in der formschön artikulierten Masse. Linienstrukturen brachten alles zur Form und informierten in beispielhafter Weise: ein intellektuelles und sinnliches Erlebnis. Dieter Oehm hat in den letzten 30 Jahren ein bildhauerisches Werk erarbeitet, das zwischen Offenheit und Verfestigung, Linearität und Volumen, zwischen Schwere und Leichtigkeit eine musikalisch-rhythmische Freiheit von großer Einsicht offenbart. Seine Konsequens, sein Wagemut, seine Ernsthaftigkeit sind bewundernswert. Seinem Temperament entsprechend wurde sein künstlerischer Standpunkt nie zum Ort der Fesselung. Er hat dem Holz Beine gemacht. Er räumt seiner Skulptur Raum ein, Entfesselung vom Vorgegebenen.

Friedhelm Häring

Dieter Oehm
Brettkörper-Figur, 1983, 170 cm hoch, Holz

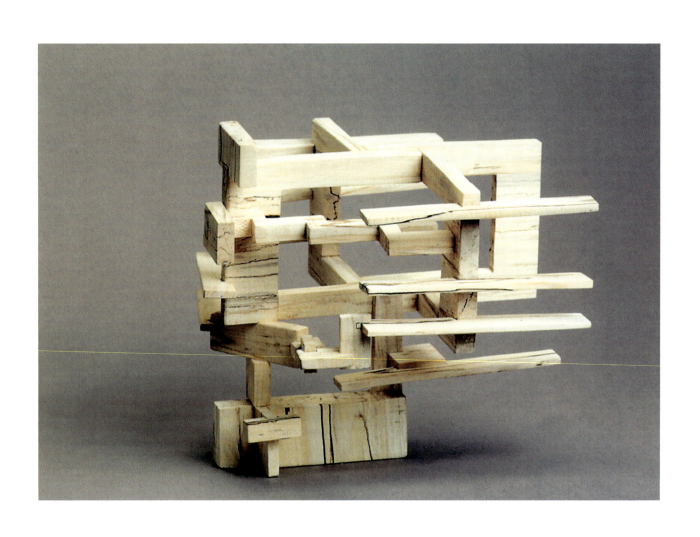

Dieter Oehm
Corpus inexhaustus, 2007, 30 x 17 x 13 cm, Holz

Ann Reder

Bei meiner ersten Begegnung mit Ann Reders Objekten verblüffte mich deren pure Schönheit. Eine Schönheit, die mich lockte und mir zugleich rätselhaft schien in ihrem Für-sich-sein, nur Sich-selbst-bedeuten, nicht auf anderes verweisen. Ich hatte den Eindruck, dass Schönheit hier nicht eine Eigenschaft ist, sondern die Essenz. Und dass das Objekt als Träger dieser Essenz mit seiner Bedeutung ganz in der Funktion, das Schöne sichtbar zu machen, aufgeht. Es war mir, als hätte sich der Entwurf vom höchsten Ideal der Kunst – dem des in sich Vollendeten – der sich utopisch gegen jede Verwertbarkeit aufbäumt, aus dem Ende des 18. Jahrhunderts unmittelbar in unsere Gegenwart gerettet.

Damals war Schönheit noch ein Signum der Wahrheit. Heute jedoch ist nicht nur diese Gleichsetzung zerbrochen, auch die Idee der Wahrheit wurde als Illusion verabschiedet, und eine neue Allianz bestimmt unser Wahrnehmen und Denken: nur im Nicht-mehr-Schönen wollen wir Wahrhaftigkeit erkennen, und Wahrhaftigkeit meint die ungeschminkte Erkenntnis unserer desolaten Welt. Die Gewöhnung an eine Ästhetik des Hässlichen – und dieser Ästhetik wird per se ein kritischer Impetus zugetraut – impliziert ein Misstrauen gegenüber der Schönheit: sie dient nun der Identifizierung des Obsoleten. Indem die Schönheit eines Kunstwerks generell einem Verdacht ausgesetzt wird (und der Kitschverdacht ist nur eine Spielart), wird sie zugleich aus unserem Begehren ausgeschlossen. Dies zeigt, wie schwer es heute ist Schönheit zu erfahren, aber auch ihr standzuhalten.

Ann Reders Plastiken leben aus der Form und der Farbe. Die Materialität, die sonst den Reiz einer Plastik mitbestimmt oder sogar dominiert, ist durch die Farbe zum Verschwinden gebracht. Dieser Entmaterialisierung des Materials korrespondiert die konkave Form. Und so stehen wir vor Körpern – denn die Objekte sind ja raumgreifend dreidimensional, auch wenn sie sich oft als Wandreliefs präsentieren –, die in eigentümlicher Weise zugleich körperlos sind. Die Sprödigkeit ihrer Werke (und das beste Antidot gegen jegliche Süssigkeit) entspringt einer Form, die sich als Hohlform im selben Moment zurück nimmt. Sie schließt etwas ein oder spart etwas aus, was eigentlich der Körper wäre. Wir sehen etwas, was unseren Augen letztlich unsichtbar ist: einen umgebenden Raum materialisiert als ein Segment, als Abdruck eines nicht mehr Anwesenden. Dieser Tausch von positiver und negativer Form hat zur Folge, dass wir sehen und nicht sehen, und zwar in doppelter Weise, denn unser Auge kann ergänzen, was nicht ist, ohne darüber zu vergessen, dass es nicht ist.

Verstärkt wird dieser Eindruck durch die Farbe. Sie ist quasi die Verbindung zwischen der konkaven und der eingeschriebenen konvexen Form. So scheint sie mir wie ein Überbleibsel des verschwundenen Körpers, wie eine Haut, die er zurück gelassen hat. Der zum Körper gewordene Raum hingegen, da, wo er sich vom Hintergrund der Wand abstößt, lässt die Farbe als eine Reflexion aufscheinen, sich erneut auflösend. So ist die Schönheit, die ich probehalber der Form und der Farbe zuschrieb, zugleich einer Evokation geschuldet, die das, was sichtbar ist, in das Unsichtbare hinein verlängert; das heißt aber, im Sichtbaren allein nicht aufgeht.

Damit habe ich nur an Reders Spiel mit der Hohlform als übergreifender Form abgedeutet und das, was sie strukturiert, noch unerwähnt gelassen. Wir finden vertraute Proportionen wie die Verdoppelung, die Reihung, diagonale Teilung, aber auch andere, deren Harmonie sich zwar unmittelbar erschließt, doch die in ihrer Logik zunächst fremd bleiben. Was sie verbindet, ist ein Strukturprinzip, das den Erscheinungen der Natur zugrunde legt. Und Ann Reder bringt in ihrer Kunst zur Erscheinung und damit zur Anschauung, was als Unsichtbares, Formgebendes, der Natur inhärent ist. So ist das Unsichtbare selbst Thema ihres Werkes, ja man könnte behaupten ihr eigentliches Material; und mit dem Schritt durch ein Schneckengehäuse, das als Form überdauert während der Schneckenkörper verschwunden ist, doch als Raum überlebt, verbindet sie das Vexierspiel von positiver und negativer Form, das auf der Ebene der Erscheinungen, d. h. der konkreten Körper angesiedelt ist, mit dem verborgenen Code der Wachstumsprozesse (siehe Abb. auf S. 13).

Der unverhoffte Rekurs auf ein Organisationsprinzip der Natur, mag für sie bei der „Wachstumsspirale" zwar plausibel sein, hat er aber auch sonst Gültigkeit? Lassen sich die Formen nicht aus einer anderen Art der Abstraktion erklären, die sich an den äußeren Naturerscheinungen orientieren, oder sich von abstrahierenden Begriffen herleiten? Ich habe bisher den Hinweis, dass sich eine Vielzahl von Ann Reders Objekten in ihrer Konstruktion einer Proportionslehre bedienen, ausgedrückt in einer Zahlenreihe, zurückgehalten, nicht um etwas zu mystifizieren, sondern

Ann Reder
Ausstellung im Künstlerhaus Göttingen 2007; links: Hamaröystrom, 1998; Wand rechts: Hav (Meer), 1999;
Vorne: Medett, 2003

um schnelle Zuordnungen zu umgehen. Die mathematische Formel für die Wachstumsprozesse des Organischen –
z. B. eben einer Schneckenmuschel oder eines Baumes, aber auch des Anorganischen hat der geniale Mathematiker Fibonacci (1180-ca. 1228) wenn nicht herausgefunden, so doch für das Abendland fruchtbar gemacht. Seine wohl folgenreichste Leistung für den Westen liegt in der Übermittlung des indisch-arabischen Zahlensystems. Für uns interessant ist jedoch seine nach ihm benannte Zahlenreihe: von eins ausgehend wird das jeweilige Ergebnis der Addition, die Summe, zu der letzten Zahl der Reihe hinzuaddiert. So ergibt sich folgende, bis ins Unendliche laufende Reihe: 1, 2, 3, 5, 8, 13, 21, 34 etc. Etliche unserer zeitgenössischen Künstler haben sich von dieser Zahlenreihe inspirieren lassen, z. B. Marion Merz, der die Zahlen auf seinen gläsernen Iglus in Neonschrift wie Rätselzeichen hat aufleuchten lassen, oder Lienhard von Monkiewitsch, der die Zahlen als Maße auf seine Leinwände übertragen und so Farbfelder proportioniert hat, und auch Ann Reder, die die Zahlenreihe als Konstruktionsprinzip ihren Arbeiten zugrunde legt und somit analog zur Natur ein Kunstwerk schafft. Und damit scheint mir begründet, weshalb die Form – aufgefasst als naturkonstituierende Proportion, zugleich abstrakt und konkret, sinnlich und doch den Sinnen allein verschlossen, das evoziert, was ich als Schönheit erfahre. Ann Reders Objekte lösen für mich das ein, was als Anforderung an die Kunst im Sturm und Drang formuliert, aber doch wohl nie verwirklicht werden konnte: nicht die Natur nachahmen, sondern der Natur nachahmen.

Annmarie Taeger

Ann Reder
Ausstellung in der Heiliggeistkirche Frankfurt/M. 1996

Ann Reder
Fjell I, 2001, 22,5 x 40 x 4 cm, Sperrholz, Acryl

Inge Schmidt

Ein Atelierbesuch bei Inge Schmidt: Der Blick wird unwillkürlich von bestimmten Bereichen angezogen, in denen dicht gedrängt unzählige plastische Arbeiten zusammenstehen oder -liegen. Die große Fläche einer Tischplatte ist vollständig bedeckt mit überwiegend handlichen Stücken. Es ergibt sich der Eindruck einer kleinteiligen Sammlung, die sich bei genauerem Hinsehen als Nebeneinander vieler skulpturaler Individuen darstellt. Ein Agglomerat der vielfältigen plastischen Arbeitsweisen, Interessen und Obsessionen von Inge Schmidt. Auch eine Art Wunderkammer. Jedes einzelne „Individuum" zeigt etwas Besonderes, Niedagewesenes, und doch könnten die Ingredienzien gewöhnlicher und simpler nicht sein. Pappe, Holz, Draht, Schnur, Stoff, Äste, Gips, – alle möglichen alltäglichen Fundstücke und Materialien finden Eingang in diesen Kosmos plastischer Möglichkeiten. Es gibt viel zu bestaunen – so viel auf kleinstem Raum, dass es unmöglich erscheint, einen Überblick zu bekommen. So wirken diese Lagerzonen im Atelier wie Installationen, in denen sich nicht nur Räumliches, sondern auch Zeitliches akkumuliert: Die dicht gefügten Sammlungen der „plastischen Stücke", wie sie Inge Schmidt nennt, sind ein in den Raum hineinwachsendes Archiv der eigenen künstlerischen Imagination und Realisation.

Dass jedes der Stücke etwas Einzigartiges und in sich Stimmiges zeigt, wird spätestens in dem Moment deutlich, wenn es aus diesem dichten Feld herausgenommen und als Einzelnes auf dem Atelierboden in eine neue, freiere räumliche Situation gestellt wird. Dann zeigt sich, dass oft nur wenige plastische Handlungen, wenige formende Eingriffe nötig waren, um etwa einen kleinen Pappkarton in ein rätselhaftes, poetisches Gebilde zu verwandeln, das nicht mehr so sehr an den ehemaligen Zweck erinnert, sondern vielmehr eine Form des einfühlenden Sehens und des feinen räumlich-plastischen Empfindens in Gang setzt. Es hat seinen Grund, dass viele Arbeiten von Inge Schmidt Assoziationen mit Architekturmodellen oder Phantasien von räumlichen Beziehungen in größerem Massstab auslösen. Die Verwendung und Verwandlung einfachster Materialien zu vieldeutigen plastischen Konstellationen zielt niemals auf den Ausdruck einer festgefügten Endgültigkeit der gefundenen Lösung, sondern es zeigt sich trotz der grundsätzlichen Stimmigkeit der Gestalt ein Charakter des potentiell Veränderlichen – als wäre die entstandene Form nur eine Möglichkeit von vielen. In einem sensiblen Bereich zwischen den äußersten Polen der Beliebigkeit und der Erstarrung im Unveränderlichen findet und erfindet Inge Schmidt plastische Zustände, Beziehungen und Situationen, die die Dynamik des Herantastens und Findens in sich bewahren und zu einem der Ausdrucksmomente werden lassen. Die konkreten formenden Handlungen wie Knicken, Verschnüren, Biegen, Kleben, Umwickeln etc. sind immer genau ablesbar – die Plastiken geben bereitwillig Auskunft über die Art und Weise ihres Gemachtseins. Viele haben eine doppelte Identität: sie verweisen noch auf ihre Herkunft aus dem Funktionalen, Zweckhaften und sind doch von dieser früheren Rolle durch oft nur minimale Maßnahmen erstaunlich weit entrückt, gleichsam in eine neue Identität der zweckfreien Selbstgenügsamkeit überführt. Darin liegt ein wesentliches Charakteristikum der Kunst von Inge Schmidt: Dass einerseits die Simplizität der Materialien und der plastischen Handlungen offenliegt und den Arbeiten etwas Rohes, Ungeschöntes verleiht und dass andererseits gerade dadurch die spezifische poetische Qualität des jeweiligen Stückes umso rätselhafter und kaum fasslich zu Tage tritt. Die Offenheit und Durchschaubarkeit der stofflichen Seite wird zum Träger der daraus hervorgehenden immateriellen Eigenschaften.

In immer neuen formalen und materiellen Verbindungen gelingt Inge Schmidt diese Erhebung des Banalen und Spröden ins Feinsinnige, Beseelte. Geht man ins Einzelne, in die Besonderheiten der jeweiligen plastischen Stücke, so treten weitere Ausdrucksmomente zutage, etwa ein leiser Humor, wie er sich beispielsweise in der Arbeit „Großer Kreisbeweger" (1994) durch die Verwendung von Sesselrollen zeigt. In diesem Falle schwingt die Aura bürgerlicher Wohnkultur noch mit, wenn den ehemals dienenden Rollen die ungewohnte Hauptrolle in einem plastischen Stück zugewiesen wird. Aber auch ganz einfache Gebilde aus Pappe und Draht sind durch ihre unprätentiöse Art von einer materiell-immateriellen Unbeschwertheit getragen. Fast immer geht es in den Arbeiten von Inge Schmidt um das Aufeinanderbeziehen von Dingen, Formen und Materialien zu etwas Neuem, Ungesehenem. Im Finden eines einmaligen „Zusammenklangs" heterogener Elemente besteht ein wichtiges Moment ihrer künstlerischen Arbeit. Es liegt in der Konsequenz dieses plastischen Interesses am Dialogischen, dass die einzelnen Stücke in Ausstellungen gerne in räumliche Beziehungen zueinander gebracht werden, wobei fast alle Möglichkeiten der Positionierung ins Spiel kommen können, vom Liegen oder Stehen auf dem Boden oder einem Sockel über das Aufgestellt-

Inge Schmidt
Tischlandschaft, bis 2008, max. Höhe 40 cm, verschiedene Materialien

sein auf einer Wandhalterung bis zum Hängen an der Decke. Zu plastischen Gemeinschaften gruppiert, erscheinen die Arbeiten mitunter wie ein polyphones Ensemble, in dem jede einzelne Stimme klar vernehmbar ist, aber doch auch ein besonderer Gruppenklang sowie Interferenzen und Wechselwirkungen entstehen. Dass dies so leicht möglich ist, liegt sicherlich auch am grundsätzlichen Charakteristikum der Offenheit der plastischen Stücke. Die Arbeiten schließen sich trotz ihrer mitunter auch introvertierten, solitären Ausstrahlung nicht ab, sondern öffnen sich in den Raum hinein. Und selbst da, wo sich eine Form scheinbar verschließt, bleibt meist irgendwo eine Öffnung, die auch diese Eigenschaft nach außen kommuniziert und beispielsweise einen dem Licht und dem Blick unerreichbaren Innenraum zu erkennen gibt. Inge Schmidts plastische Stücke teilen sich gerne mit, nicht aufdringlich, sondern auf gelassene, selbstverständliche Weise. Dazu trägt die Konzentration auf ganz einfache plastische Handlungen bei. Manchmal sind es nur zwei oder drei verschiedene Materialien oder Dinge, die aufeinander bezogen werden und durch diese Liaison, die durchaus auch eine „Liaison dangereuse" sein kann, einen überraschend reichhaltigen plastischen Mikrokosmos entstehen lassen. Ein kleines Schaumstoffrechteck, in das kreisförmig Nägel gesteckt wurden, öffnet den Blick auf ein ebenso lapidares wie sensibles Zusammenspiel von Nachgiebigkeit und Härte, Eckigkeit und Rundung, Flächigkeit und Linearität, Rhythmus und Ruhe. Eine Pappröhre, mehrfach geknickt, wird in ihrer gezackt-zuckenden Ekstase von zwei senkrechten Holzleisten fixiert, die dem exzentrischen Papp-Blitz nicht nur materiellen Halt, sondern zusammen mit einer Holzbasis auch eine verläßliche räumliche Orientierung zu bieten scheinen.

Inge Schmidts Arbeiten sind grundsätzlich ungegenständlich und nicht-figurativ, aber sie verweigern sich auch nicht einem projizierenden, assoziierenden oder empathischen Sehen. Selbst ihre vielleicht abstraktesten und reduziertesten Arbeiten, die zahlreichen vertikalen stelenartigen Plastiken aus Vierkanthölzern, lassen sich bei aller Entkörperlichung immer noch latent auf die anthropomorphe Position des Stehens und des Aufgerichtet-Seins beziehen

Inge Schmidt
Großer Kreisbeweger, 1994, 20 x 51 x 15 cm, Holz, Rollen

und verweisen so als aufrechtes Gegenüber den Betrachter auf seine eigene Haltung und seinen Standpunkt. Trotz ihrer Distanz zum Abbildlichen und Narrativen ist in den Plastiken immer auch ein direkter Bezug zu menschlichen Erfahrungs- und Erlebniswelten angelegt. Ein hängender Pappkarton, der durch eine partielle Öffnung etwas von seiner verdunkelten Innenseite ahnen lässt – einerseits ein rohes, nichtiges Ding und zugleich eine die Empfindungsfähigkeit ansprechende Gestalt, die im Betrachter eine innere, emotionale Resonanz auszulösen vermag. Voraussetzung für diese Wahrnehmung ist ein Blick- und Haltungswechsel, das Einfühlen in die je besonderen Gestaltqualitäten. Indem die Wertigkeit des Materials gegen Null tendiert, gewinnt die zweite Ebene der dinglichen Poesie eine umso größere Reinheit und Leichtigkeit. Inge Schmidt gelingt es immer wieder, aus Stroh Gold zu spinnen – ein unscheinbares Gold, das jenseits des Stofflichen anzusiedeln ist und das nur derjenige erkennt, der auch für die Schönheit von Stroh empfänglich ist.

Thomas von Taschitzki

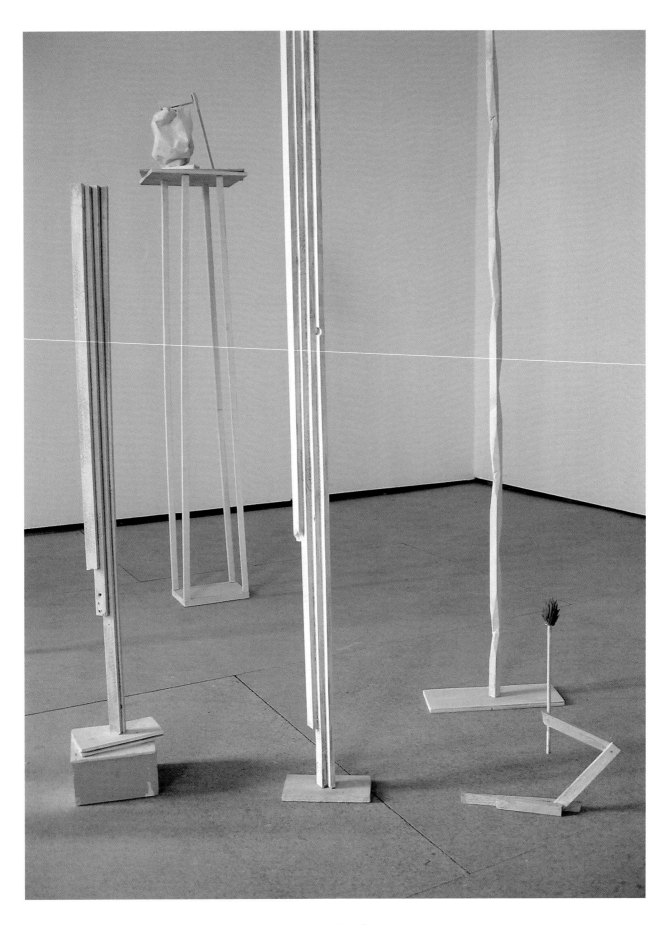

Inge Schmidt
Ateliersituation 2007

Heiner Thiel

Die Würdigung des Werkes eines Künstlers sollte besser nicht mit einer Polemik beginnen, doch scheint sie mir ausnahmsweise durchaus angebracht. Seit einigen Jahren hinterlassen die Kunstmärkte den Eindruck, von dreidimensionalen, raumfüllenden Installationen beherrscht zu sein. Sicher handelt es sich dabei um eines der vielen zyklischen Phänomene, die in diesem zugegebenermaßen schwer zu durch- und überschauenden Bereich seit einigen Jahrzehnten beobachtet werden können und daher nicht überbewertet werden sollten. Vermeintlich gelingt es der Installation, neue Horizonte zu öffnen und Herkömmliches zu überwinden. Zumindest aus der historisch geschulten Sicht verbietet sich die Überbewertung solcher Modeerscheinungen, wenn sich auch noch jedes Mal eilfertige Vertreter der Kunstkritik bereit gefunden haben, die sich bemühten, gewinnsteigernde verbale Schützenhilfe zu leisten. Nicht zuletzt dieser letzte Umstand bewirkt eine Art kollektiver Trübung des Blicks für Anderes als die massenhaft angeschwollene Flut von Erzeugnissen aus der künstlerischen Bastelabteilung, so dass viele ernsthafte Bemühungen abseits davon gar nicht erst oder nur sehr schwer ins Wahrnehmungsfeld geraten. Hierzu gehört etwa auch das Überwinden der einst felsenfest erscheinenden Grenzen zwischen den herkömmlichen Kunstgattungen, vorzugsweise Malerei und Plastik, nicht jedoch durch Flucht in die raumbezogene Installation als einem völlig anders gearteten Feld, sondern mittels der ihnen selbst immanenten Qualitäten. Bei diesen handelt es sich im Bereich der Plastik notwendigerweise um die räumliche Form und im Bereich der Malerei um die Farbe.

Zu diesen gattungsübergreifenden Bemühungen gehören auch Heiner Thiels jüngere Arbeiten. Sie sind weder im Raum entfaltete Malerei, noch farbig gefasste Plastik. Das hier gegebene gestalterische Problem lässt sich so relativ einfach nicht fassen. Um die den Bereichen der Malerei bzw. Plastik wesensmässig immanenten Qualitäten nicht nur zu kombinieren, sondern zu einem Dritten zu verschmelzen, bedarf es einer Synthese, die begrifflich nicht einfach zu bestimmen sein dürfte.

Heiner Thiel kommt von der räumlichen Gestaltung. Ihn interessiert daher vordringlich das Problem der realen Form, wie er es in jahrelanger Forschung in seinen früheren Arbeiten behandelt hat. Zu dem gesellt sich aber seit einiger Zeit das Interesse auch an der erscheinungshaften Form, womit Qualitäten ins Spiel kommen, die für gewöhnlich der Malerei vorbehalten sind. Sicher ist es für einen Plastiker nicht so einfach, wie es scheinen mag sich einen ihm im Grunde wesensfremden Problembereich in gleicher Weise anzueignen, wie sein ureigenes Arbeitsgebiet; umgekehrt wird sich kaum ein Maler anmaßen, im dreidimensionalen Bereich sofort in gleicher Weise zu Hause zu sein, wie in der Malerei, die zu ergründen er sich Jahre und eventuell sogar Jahrzehnte bemühen musste. Dennoch stellen die neuen Arbeiten Heiner Thiels eine behutsam und geduldig bearbeitete gelungene Synthese dar, also etwas wirklich Neues in seinem Schaffen, nicht bloß eine Variante bisheriger Problemlösungen.

Die Metallplatten kleinen und mittleren Formats befinden sich wie Malerei vertikal an der Wand und wirken aus einiger Distanz möglicherweise wie monochrome Malerei. Doch widerspricht dem zunächst die völlig unkörperliche Färbung, wie auch die Krümmung der Platten; der für die Malerei zutreffende und oft gebrauchte Begriff „Farbträger" wäre verfehlt. Es handelt sich um eloxierte Metallplatten, deren Farbe sich chemophysischen Prozessen verdankt, also nicht durch Pigmentauftrag entsteht; deshalb gibt es auch keine auf Handarbeit verweisende Auftragsspuren. Vielmehr ist die Färbung so mit der Oberfläche des Metalls identisch, dass dessen Materialqualität erhalten bleibt und etwa als spezifischer und je nach Bewegung der Oberfläche variabler Glanz zur Geltung kommt, was nicht einmal bei einer auflackierten Lasurfarbe in gleicher Weise möglich wäre.

Es entsteht eine Art Farblicht jenseits der durch Malerei bereitgestellten Möglichkeiten. Eben darum handelt es sich nicht um eine extravagante Art monochromer Malerei, doch spricht auch noch ein weiterer, wesentlicher Grund dagegen. Die Metallplatten sind leicht gekrümmt, wölben sich besonders an den Ecken von der Wand weg auf den Betrachter zu, was einerseits zu geschwungenen Schattenzonen hinter ihnen und andererseits zu unterschiedlicher farblichthafter Intensität auf ihnen führt. So entstehen unausmessbare Farbräume. Die Platten sind jedoch nicht lediglich quadratische Bleche, die an den Ecken aufgebogen wären, sondern präzise erstellte Kugelsegmente, also Ausschnitte von virtuellen Kugeln, deren geometrisch konzeptueller Ansatz noch die Herkunft aus Formproblemen der konkreten Kunst erkennen lässt. Steht der Betrachter im Mittelpunkt einer solchen virtuellen Kugel mit Durchmesser von bis zu einigen Metern, dann – und nur dann – erscheinen die Kanten der Objekte parallel und recht-

Heiner Thiel
o. T., 1984, 205 x 35 x 15 cm, Stahl geschweißt, WVZ 8/84/23

Heiner Thiel
o. T., 1988, 168 x 59 x 10 cm, Stahl geschweißt, WVZ 8/88/67

winklig, und ihre Wirkung wäre die einer ebenen Fläche, zeigten nicht gekrümmte Schatten hinter ihnen bzw. Farbraumerscheinungen auf ihnen an, dass es räumliche Gebilde sein müssen. Hier scheint sich eine Diskrepanz der Wahrnehmung einzustellen, der nur die Standortveränderung entgegenzuarbeiten vermag. Hierzu fühlt sich der Betrachter geradezu aufgefordert, will er sich Klarheit über das Wahrgenommene verschaffen. Diese ist aber bei den Objekten nicht zu erlangen, doch führt die Annäherung immerhin zur Erkenntnis der tatsächlichen Dreidimensionalität des Objektes, ohne dass darüber seine farbräumliche Qualität verloren ginge.

Die ausschließlich den Bereichen Malerei und Plastik vorbehaltenen, wesensmäßigen Eigenschaften sind nicht nur unabhängig voneinander angewendet worden, sondern haben in diesen Objekten tatsächlich zusammen gefunden und sind nicht mehr voneinander lösbar. Heiner Thiel schafft damit eine Synthese, etwas wesensmäßig Anderes, was in seinem Werk einen erheblichen Qualitätsschub bedeutet.

Matthias Bleyl

Heiner Thiel
o. T., 2006, 50 x 46 x 8 cm, Aluminium eloxiert, WVZ 3/06/452

Heiner Thiel
o. T., 2001, 70 x 90 x 12 cm, Aluminium eloxiert, WVZ 396

Matthias Will

Die Idee von einer Plastik, die in ihrer Materialität und Körperlichkeit als eine Größe zu begreifen ist, die mit dem räumlichen Umfeld in Beziehung zu treten vermag und die sich zwischen den Zuständen Spannung, Elastizität und Balance zweckfrei definiert, beherrschte den Bildhauer Matthias Will auf seiner langen Suche nach der eigenen künstlerischen Identität.

Der Student Matthias Will spürte sehr bald, dass ihn die Radikalität Croissants bei seinen ersten bildkünstlerischen Versuchen zunehmend verunsicherte. Zudem fand er nicht den vorbehaltlosen Zugang zu den Werken seines Professors. Das Beklemmende und Hermetische in Croissants Arbeiten stand im Widerspruch zu Wills plastischem Formenwillen und seiner Vision vom schwebenden Zustand sowie von der Eroberung des offenen und freien Raumes. Bereits im Kindesalter träumte er davon, fliegen zu können und bastelte in der Schreinerwerkstatt seines Großvaters eifrig an funktionsfähigen Flugobjekten, mit denen er sich und seine Freunde an einen weitentlegenen Ort bringen könnte. Der Gedanke des Schwerelosen war, so betrachtet, früh in ihm verankert und sollte ihn als freien Bildhauer unentwegt weiter beschäftigen. Während der Frankfurter Studienzeit aber gab ihm die Imitation der Handschrift Croissants keinerlei Gelegenheit dazu. Das ambivalente Verhältnis beider drückte sich auch darin aus, dass Will die ausschließlich von der menschlichen Figur ausgehende Abstraktion Croissants frühzeitig in Frage stellte. Seine persönliche Antwort darauf war eine noch intensivere Auseinandersetzung mit dem Material und die Hinwendung zu kontruktivistischen Motiven. Der für Will später so bedeutsame Stahl als Ausgangspunkt für seine Werke spielte an der Kunsthochschule keine Rolle.

1981 entstand Wills erste Arbeit aus Stahl. Wider Erwarten folgte er nun dem Grundsatz Croissants, genau das zu tun, was man eigentlich nicht beherrsche. Dieser Denkanstoß aus Studientagen führte ihn plötzlich in eine vollkommen andere Richtung als Bildhauer. Gerade diese sollte sich langfristig für ihn bewähren: „Auf der einen Seite faszinierte mich der Stahl, auf der anderen Seite aber war es ein Material, das ich noch gar nicht beherrschte. Was mich besonders daran reizte, war seine Widerstandsfähigkeit" (Will 1995). In diesem Widerstreben steckte ein spannungsgeladener Gegensatz von Schwere und Schwerelosigkeit, eine Dialektik von Schwere des Materials und seiner Imagination von Leichtigkeit. Wills Konzeption von einer Plastik mit Raumvolumen, die sich zwischen den Zuständen Spannung, Elastizität und Balance bewegt – Zustände die gleichermaßen auch beim Fliegen wirken – erfuhr eine Erweiterung.

Den „glücklichen Moment des Gelingens" jedoch den außergewöhnlichen Wurf einer schwebenden Skulptur nach seinem Bilde geschaffen zu haben, datiert Will in das Jahr 1987. In dieser Arbeit „Schwebekreuz I" konfrontiert er die ruhende Scheibe in der Mitte mit zwei Segmentformen, die wie zwei große „Schwertstreiche" gegeneinander schwingen. Das obere Segment, das wieder in gespannter Schwebe fixiert ist, steigert die räumliche Aktivierung mittels Schräglage. Mit dem zusätzlichen Einsatz des Stahlseils, das jeweils eines der beiden plastischen Elemente in der Luft schweben lässt, wird die Gravitation der Stahlteile verhindert. „Die Stahlseile … bilden räumliche Achsen und imaginäre Flächen, sie sind geometrische Orte an den Fixpunkten der Verspannung …, sie bilden Gegensätze als Linien zu den massigen Flächen, und sie bleiben als Material ein unübersehbar … eigenständiges Element" (Till Neu). Eine Fortsetzung dieses Ansatzes entstand erst zehn Jahre später mit der Skulptur „Schwebekreuz II" (siehe Abb. auf S. 18).

Dank der Reduktion auf drei, später nur noch zwei geometrische Grundformen, Kreis und Quadrat, die im Raum zu Würfel und Kugel werden und sich variationsreich als Winkelrahmen, Voll- und Halbringe, Spiralen und Bögen ohne Berührung in einem ausgewogenen Größenverhältnis durchdringen, erreichte die gewünschte innere Spannung des Schwebenden in der Beibehaltung einer absoluten Klarheit der Formen immer wieder neue Höhepunkte.

Die „Leiblichkeit des Rezipienten" als eine Form der praktischen Auseinandersetzung mit dem Raumgefühl des Betrachters, die der Bildhauer Serra intensiv studierte, ist für Matthias Will von elementarer Bedeutung, sobald er den Betrachter seiner Monumentalskulpturen mit dem Erlebnis des schwebenden, leicht schwingenden Moments konfrontiert, welche die sichtbaren Stahlseile bewusst hervorrufen. Diese Wiederbesinnung der Körperlichkeit hat nichts Dramatisches an sich. Es ist das kaum Spürbare, das die Irritation des Betrachters auslöst, die sich nachhaltiger als jede schwere Erschütterung auswirken kann.

Lutz Fichtner

Matthias Will
Zwei offene Ecken, 2000, Stahl

Matthias Will
Gefäß, 1997, Stahl

Matthias Will
Kreisteilung, 2000, drei Bögen im Raum, Edelstahl

Biographien und Bibliographien

Michael Croissant

1928	geboren in Landau (Pfalz)
1942	Steinmetzlehre in Landau (Pfalz)
1943-45	Schule des Deutschen Handwerks Kaiserslautern
1946-48	Private Kunstschule München
1948-53	Studium an der Akademie der bildenden Künste München bei Toni Stadler
1953	Heirat mit Christa v. Schnitzler
1960	Pfalzpreis
1962	Darmstädter Kunstpreis
1966	Hans-Purrmann-Preis Stadt Speyer
1966-88	Professor an der Staatlichen Hochschule für bildende Künste – Städelschule – Frankfurt/M.
Seit 1972	Mitglied der Bayerischen Akademie der Schönen Künste, der Darmstädter Sezession, des Deutschen Künstlerbundes und der Neuen Gruppe München
1978	Kunstpreis des Landes Rheinland-Pfalz
1985	Reinhold-Kurth-Kunstpreis Stadtsparkasse Frankfurt/M.
2002	gestorben in München

M.C. Plastiken und Zeichnungen, Ausstellungskatalog Kunstverein Bremerhaven 1982

M.C. Plastiken, Zeichnungen, Collagen. Frankfurt/M. 1987

M.C. Retrospektive 1958-1989 Frankfurter Kunstverein, Pfalzgalerie Kaiserslautern, Skulpturenmuseum Glaskasten Marl, Kunstverein Ludwigshafen 1990

M.C. Plastiken und Zeichnungen 1990-1995. Ausstellungskatalog Kunstverein Ludwigshafen 1995

Klaus Waldschmidt (Hrsg.), M.C. München 2002

Josephine Gabler/Birk Ohnesorge (Hrsg.), Der Bildhauer M.C. (1928-2002). Mit dem Werkverzeichnis der Skulpturen Berlin 2003 (dort ausführliche Biographie und Bibliographie)

Dietz Eilbacher

1952	geboren in Miltenberg am Main
1970-72	Besuch der Werkkunstschulen in Darmstadt und Mannheim
1975-81	Studium der Bildhauerei an der Staatlichen Hochschule für bildende Künste – Städelschule – Frankfurt/M. bei Michael Croissant
1986	Villa-Romana-Preis Florenz
1987	Atelier und Arbeit in der Bronzegießerei Alexander Pana in München
1992	Förderpreis der Bayerischen Akademie der Schönen Künste München

Dietz Eilbacher lebt und arbeitet in Frankfurt/M.

D.E., Skulpturen und Zeichnungen 1982-1992. Frankfurt/M., (o.J.)

D.E., Arbeiten 1993-2003. Frankfurt/M.(o.J.)

Franz-Olaf Radtke, Die Figur des Kreuzes (Zur Errichtung des Stelenkreuzes für die St. Jakobs-Kirche), Frankfurt/M., 2007

Marko Lehanka

1961	geboren in Herborn
1985-90	Studium an der Hochschule für bildende Künste – Städelschule – Frankfurt/M. bei Michael Croissant und Thomas Bayrle
1991/92	Künstlerischer Mitarbeiter am Institut für Neue Medien an der Städelschule Frankfurt/M.
1993	Villa-Romana-Preis Florenz
1997/98	Wissenschaftlicher Mitarbeiter an der Städelschule Frankfurt/M.
1999	Kunstpreis der 1822-Stiftung Frankfurt/M. Stipendium Quinzièmes Atelier du FRAC des Pays de la Loire Montes
2001	Teilnahme an der 42. Biennale Venedig
seit 2006	Professor an der Kunstakademie Nürnberg

Marko Lehanka lebt und arbeitet in Frankfurt/M., Butzbach und Nürnberg.

Bildhauerklasse Michael Croissant. Katalog Städelschule Frankfurt/M. 1988

Lehanka über Lehanka, in: Pop, Technik, Poesie, Homburg 1996

A. Bee, M.L. Katalog Museum für Moderne Kunst Frankfurt/M. 1998

M.L. Ausstellungskatalog Kunstverein Gießen 2000

Natalie de Ligt, M.L., in: Katalog der 9. Triennale Fellbach 2004

Ilonka Czerny, M.L., Hirsch und Handstand, in: Künstler. Kritisches Lexikon der Gegenwartskunst. Ausgabe 79, München 2007 (dort ausführliche Bibliographie)

Dieter Oehm

1947	geboren in Bad Hersfeld
1968/69	Studium an der Werkkunstschule Offenbach/M.
1969-74	Studium an der Staatlichen Hochschule für bildende Künste – Städelschule – Frankfurt/M. bei Michael Croissant (Bildhauerei), Reiner Jochims (Kunsttheorie) und C. Kruck (Druckgraphik)
1973	Arno-Leißer-Preis
1974-76	Studium der Kunstpädagogik mit Abschluß als Dipl.-Pädagoge an der J.W. Goethe-Universität Frankfurt/M.
1973-76	Mitglied der Darmstädter Sezession
seit 1976	Lehrer für Plastisches Gestalten und Zeichnen an der Stattlichen Zeichenakademie Hanau
1987	Gastdozentur an der Hochschule für Gestaltung Offenbach/M.

Dieter Oehm lebt und arbeitet in Bad Vilbel, Frankfurt/M. und Herrentierbach.

D.Oe., Skulpturen und Zeichnungen 1986-88. Ausstellungskatalog Museum Schloß Philippsruhe Hanau 1988

D.Oe., Ausstellungskatalog Galerie Leßmann & Lenser Rodgau 1997

D.Oe., Punti essentiali. Ausstellungskatalog Gelbes Haus Creuzberg 1999

St. Marien, Kirche und Gemeindezenturm Neu-Anspach. Schnell Kunstführer Nr. 2664 Regensburg 2007

D.Oe., Skulpturen und Zeichnungen. Ausstellungskatalog Museum Goch 1999 und Museum Stadt Bad Hersfeld 2000

Ann Reder

1946	geboren in Tromsø Norwegen
1967-72	Studium der Bildhauerei an der Staatlichen Hochschule für bildende Künste – Städelschule – Frankfurt/M. bei Michael Croissant
seit 1977	Lehrauftrag an der Städelschule Frankfurt/M.
1978	Stipendium Cité Internationale des Arts Paris
1988	Stipendium Künstlerhaus Edenkoben/Pfalz
1990	Stipendium Stiftung Skulpturenpark Seestern Düsseldorf

Ann Reder lebt und arbeitet in Frankfurt/M.

A.R., Plastiken. Zeichnungen. Ausstellungskatalog Kunst im Dominikanerkloster und Galerie Britta Heberle Frankfurt/M. 1986

A.R., Die Reise nach Norden. Plastiken und Arbeiten auf Papier 1987-1993. Ausstellungskatalog Marburger Kunstverein 1993

A.R., Von Licht und Dunkel. Plastiken 1993-1996. Ausstellungskatalog Kunst im Dominikanerkloster Frankfurt/M. 1996

A.R., Die Wiederkehr des Lichtes. Plastiken 2000-2005. Ausstellungskatalog Kunst im Dominikanerkloster Frankfurt/M. 2006

Inge Schmidt

1944	geboren in Bonn
1975-81	Studium der Bildhauerei an der Staatlichen Hochschule für bildende Künste – Städelschule – Frankfurt/M. bei Michael Croissant
1987	Gaststipendium in der Villa Romana Florenz

Inge Schmidt lebt und arbeitet in Köln.

I.S., ein stück. vieles. Ausstellungskatalog Schloß Ringenberg 1999

I.S., Plastische Stücke und Zeichnungen. Austellungskatalog Städt. Galerie im Georg-Meistermann-Museum Wittlich 2001 und Stadtmuseum Siegburg 2002 (dort ausführliche Biographie)

I.S., Stückwerke. Ausstellungskatalog Kunstmuseum Mülheim an der Ruhr 2005 und Stadtmuseum Beckum 2006

I.S., Sockelstücke. Ausstellungskatalog Fuhrwerkswaage Kunstraum Köln 2006

Heiner Thiel

1957	geboren in Bernkastel-Kues
1978-82	Studium der bildenden Kunst und der Kunstgeschichte an der J.-Gutenberg-Universität Mainz
1982-85	Studium der Bildhauerei an der Staatlichen Hochschule für bildende Künste – Städelschule – Frankfurt/M. bei Michael Croissant
1985	Förderpreis des Landes Rheinland-Pfalz
1988	Förderpreis junger Künstler der Saar-Ferngas AG Saarbrücken
1996	Lehrauftrag an der California-State-University Ohio/USA
1998	Balmoral-Stipendium des Landes Rheinland-Pfalz

Heiner Thiel lebt und arbeitet in Wiesbaden und Mainz.

Städelschüler stellen aus. Hochschule für bildende Künste Frankfurt/M. 1983

Thomas Duttenhöfer, Gedanken zu den Plastiken von Heiner Thiel in: H.T., Plastiken. Ausstellungskatalog Mainz 1985

Lothar Romain, Zu den Arbeiten von Heiner Thiel, in: H.T., Plastik, Zeichnung. Ausstellungskatalog Galerie im Brückenturm Mainz 1988

Heinz Gappmayr, Heiner Thiel, Würfel. Ausstellungskatalog Galerie Orms. Innsbruck 1992

Dorothea van der Koelen, Opus Heiner Thiel. Gesamtverzeichnis der plastischen Arbeiten 1979-1993. Mainz 1994

Matthias Will

1947	geboren in Kahl am Main
1970-73	Studium der Kunstpädagogik an der J.W. Goethe-Universität Frankfurt/M.
1975-80	Studium der Bildhauerei an der Staatlichen Hochschule für bildende Künste – Städelschule – Frankfurt/M. bei Michael Croissant
1987	Lehrtätigkeit am Institut der Kunstpädagogik der J.W. Goethe-Universität Frankfurt/M.
1988	Stipendium Cité Internationale des Arts Paris
seit 1995	Mitglied der Darmstädter Sezession
1996	Georg-Christoph-Lichtenberg-Preis des Landkreises Darmstadt-Dieburg
2004	Wilhelm-Loth-Preis der Stadt Darmstadt

Matthias Will lebt und arbeitet in Brombachtal (Odenwald) und Darmstadt.

M.W., Skulpturen 1993-1996. Ausstellungskatalog Galerie Barbara von Stechow Frankfurt/M. (o.J.)

M.W., Skulpturen 1993-1997. Ausstellungskatalog Schloß Heiligenberg Seeheim-Jugenheim 1997

M.W., Ausstellungskatalog Institut Mathildenhöhe im Hessischen Landesmuseum Darmstadt 2007

M.W. – Bildhauer. Bd. 43 Kunstedition Merck Darmstadt (o.J.)

Fotonachweis

Archiv Galerie Appel S. 29

Archiv Heiner Thiel S. 11

Walter Breitinger S. 16, 35, 36

Heinz Hefele S. 18

Bruno K. S. 10

Gerhard Kayser S. 33

Caroline Krause S. 41

Andrea Kroth S. 37

Marko Lehanka S. 21, 39, 40 (unten)

Sabine Lippert S. 47

Dieter Oehm S. 15, 43, 44, 45

Ann Reder S. 13, 49

Stefan Maria Rother S. 40 (oben)

Inge Schmidt S. 17, 51, 52, 53

Heiner Thiel S. 19, 55, 56, 57

Jürgen Wegener S. 25

Matthias Will S. 59, 60, 61

Horst Ziegenfusz S. 48

Katalog Croissant Kunstverein München 1991 S. 30, 31

Katalog Croissant Galerie Scheffel 1991 S. 32

Impressum

Herausgeber:

Kunstverein Speyer

Ausstellung und Katalog:

Herbert Dellwing

Redaktion und Layout:

Herbert Dellwing

Reproduktion und Druck:

Progressdruck GmbH Speyer

© 2008 Kunstverein Speyer

© der Beiträge bei den Autoren

Pilger-Verlag Speyer

ISBN: 978-3-87637-093-4

KUNSTVEREIN SPEYER
KULTURHOF FLACHSGASSE

D1697146